Fritz J. Raddatz

«Dann wird aus Zwein: Wir beide»

Das Buch

Kurt Tucholsky und die Frauen – eine unendliche Geschichte mit vielen Variationen. Doch eine Frau sollte im Leben Tucholskys eine außergewöhnliche Rolle spielen. Im November 1917 lernt Tucholsky in der Kassenverwaltung des Stabes von Alt-Autz Mary Gerold kennen, und eine tragische Liebesbeziehung nimmt ihren Lauf. Ausgehend von bislang unveröffentlichten Tagebuchaufzeichnungen Mary Gerolds erzählt Fritz J. Raddatz eine bewegende Geschichte, geprägt von Anziehung und Abstoßung, von dem Wunsch nach unbedingter Nähe und der Flucht vor der vermeintlichen Enge.

Der Autor

Fritz J. Raddatz, geb. 1931 in Berlin, ist freier Schriftsteller, Essayist und Publizist. 1960–69 war er stellvertretender Leiter des Rowohlt Verlags, 1977–85 Feuilletonchef der «Zeit». Er ist Herausgeber von Tucholskys Gesammelten Werken und Verfasser des Buches «Tucholsky – Ein Pseudonym». 1969 gründete er gemeinsam mit Mary Gerold-Tucholsky die Kurt-Tucholsky-Stiftung und war bis Ende 2011 deren Vorsitzender. Autor von zahlreichen Romanen, Erzählungen, Biografien und Essays. Ausgezeichnet durch François Mitterrand mit dem Orden *Officier des Arts et des Lettres* sowie 2010 mit dem Hildegard-von-Bingen-Preis für Publizistik.

Der Tag, der Kurt Tucholskys Leben veränderte – man darf wohl sagen: umstülpte auf immerdar –, läßt sich ziemlich genau bestimmen. Der 25jährige Berliner Journalist war nach kurzer Musterung im April 1915 als Armierungssoldat eingezogen worden, schon bald zum «Kompanieschreiber» abgestellt und Ende August 1916 zu der Fliegerschule Alt-Autz in Kurland versetzt und ist von Beginn des Jahres 1917 Schreiber des Stabes sowie Leiter der Bibliothek und der Druckerei. Er durchläuft eine mittlere militärische Karriere vom Unteroffizier über Vizefeldwebel bei der politischen Polizei bis zum Feldpolizeikommissar; bis heute ist ungeklärt, ob der Pazifist und Militärhasser – «Soldaten sind Mörder» – während der Jahre der Weimarer Republik eine Offizierspension bezog, die eigentlich jedem dieses Ranges in der besiegten kaiserlichen Armee zustand. Seit 1912 ist er verlobt mit Kitty Frankfurter, ein Jahr zuvor hat er jenen Rheinsberg-Ausflug unternommen, von dem wir heute unter dem Titel «Ein Bilderbuch für Verliebte» durch Millionenauflagen und mehrfache Verfilmungen wissen; seine Begleiterin war die angehende Ärztin Else Weil, die er Claire Pimbusch nannte. Der ironische Dedikationsvers an seine Tante Berta war also nicht pure Frozzelei: «Außen jüdisch und genialisch, innen etwas unmoralisch, nie alleine, stets à deux – dein Neveu!» Ein kesser Berliner, ein unwilliger Jurastudent, ein brillanter Journalist vom ersten Beitrag 1913 in Siegfried Jacobsohns «Schaubühne» an, die der Herausgeber nicht zuletzt unter dem Einfluß seines mehr und mehr politischen Autors 1918 in «Die Weltbühne» umbenannte. Doch wenige Monate zuvor war etwas Tiefergreifendes geschehen. Im November 1917 lernt Tucholsky in der Kassenverwaltung des Stabes von Alt-Autz Mary Gerold kennen, eine knapp 19jährige Baltin, die nach der Eroberung Rigas durch die deutsche Armee dorthin dienstverpflichtet worden war. Jener Blitz hat eingeschlagen, den man auch «Coup de foudre» nennt. Nur gibt es auch einen Blitzableiter. Wir werden nämlich – durch Briefe, Gedichte und Mary Gerolds bislang unveröffentlichte Tagebuchaufzeichnungen – Zeuge eines Begehrlichkeitstanzes, dem sich die «kühle Blonde» in graziöser Verweigerung anfangs entzieht. Da ist ein flotter junger Mann, verwöhnt bereits durch Erfolge bei Frauen (womit er ungeschickterweise prahlt) – und da ist eine nach allen strengen Regeln wohlanständiger Bürgerlichkeit erzogene junge Frau, schön, auch etwas kokett und harmlosen Ball-Vergnügen im Offizierskasino nicht abgeneigt; aber unnahbar. Ihre Melodie war gleichsam die, die viel später Lotte Lenya als «Polly» in Brechts «Dreigroschenoper» sang:

Mary Gerold 1916

Ja, da kann man sich doch nicht nur hinlegen
Ja, da muß man kalt und herzlos sein.
Ja, da könnte so viel geschehen
Ach, da gibt's überhaupt nur: Nein.

Doch der Jäger hat die Spur aufgenommen, die Witterung. Zu jener Zeit, da es noch keine E-Mail und SMS gab, da es nicht so hurtig hieß: «Gehen wir zu dir oder zu mir?», flirtete man anders; eine Blume, eine Schachtel Konfekt, ein Fläschchen Parfüm – oder ein Gedicht. So sahen die Lockungen Tucholskys aus, der jemandem begegnet war, so ganz und gar anders als die leichten Kurfürstendamm-Eroberungen und leckeren Tingeltangel-Mädchen bisher. So lautete ein Gedicht vom Januar 1918, also zwei Monate nach der ersten Begegnung:

Für Mary
Gibst du dich keinem –? Bist du nur blond und kühl?
Demütigt dich ein starkes, heißes Gefühl?
Wir sind allein. –

Jeder ist so vom andern durch Weiten getrennt,
daß er nicht weiß, wo es lodert und flammt und brennt –
Wir sind allein. –

Selten nur springt ein Funke von Blut zu Blut,
bringt zur Entfaltung, was sonst in der Stille ruht –
Wir sind allein. –

Aber einmal – kann es auch anders sein –
Einmal gib dich, – und, siehst du, dann wird aus zwein:

Wir beide –
Und keiner ist mehr allein. –

Doch lassen wir Mary, das «Mätzchen», wie er sie später nannte, zunächst selbst erzählen. Wir werden bei der Lektüre ihrer Tagebuchaufzeichnungen zu einer Art Theaterpublikum: Erleben wir doch den Bericht eines Geschehens, das wie auf einer Bühne vor uns seinen Lauf nimmt in Glücksbeginn und Unheilwitterung; nur, daß Akteurin und Berichterstatterin ein und dieselbe Person sind.

Das Theater für diese Inszenierung war eben jene Fliegerschule in Alt-Autz: die Kulissen schäbige Büroräume für die jungen Dienstverpflichteten, die kleine Bibliothek für den «Chef», die Luft des Offizierskasinos geschwängert von Zigarettenqualm, von Cognac- und Rotweindunst, die «Pausen»-Spaziergänge (inklusive kleiner heimlich zugesteckter Leckereien aus der Offiziers-Sonderverpflegung) fanden in der waldbestandenen Umgebung statt – das, was die beiden Hauptakteure «Spazieren auf dem Kriegsschauplatz» nannten. Was wir lesen, ist nicht Monolog einer Lady Macbeth noch Versonnenheitslied einer Ophelia. Was wir sehen, ist das Flattern eines Falters, geblendet vom Licht, verängstigt vom Käscher, angezogen von dem, der ihn nach ihr auswirft – nach ihr, der 19 Jahre jungen Mary.

Sonntag, 11. November 1917

Ich beachte Tucholsky gar nicht. T. zieht schnell die Mütze, winkt mir mit dem Finger und sagt: «Komm her!» – Ich war baff und kümmerte mich nicht um ihn. Beim Vorübergehen sagte er: «Sie haben nicht Ihre eigene Stimme». – «Was ist Ihnen?» frage ich. «Danke, mir ist gut!» Sie haben nicht Ihre Stimme, Sie haben die Stimme von oben. – Ich war sprachlos, zuckte die Achseln und ging fort. –

Montag, 12. November 1917

T. schiebt mir einen Brief zu. Ich lege schnell ein Buch drauf. – Ist der Mensch gerieben! Er sieht sehr gut aus und ist furchtbar mokant. – Als er gegangen war, öffnete ich nach einer Weile den Umschlag, darin war ein mit der Maschine geschriebenes Billet, das lautete: «Man ist begierig, die Stimme noch einmal, länger und ausführlicher, zu hören und bittet um Benachrichtigung, ob man Sie heute abend um 7 Uhr zu ein klein wenig Sekt erwarten darf. Ein kurzer Besuch im Geschäftszimmer der Leihbibliothek – am besten um 12 Uhr – ist willkommen. Mit einem schönen Gruß in ein Paar lustiger Augen. –»

Natürlich ging ich nicht hin.

Dienstag, 13. November 1917

T. sieht durchs Fenster und fragt, ob es in Riga angebracht sei, auf einen Brief nicht zu antworten, weder mit ja noch mit nein. Ich sagte ihm, ich sei nicht gewohnt, von fremden Männern derartige Aufforderungen zu bekommen.

Donnerstag, 15. November 1917

Ich ging absichtlich nicht in die Bibliothek. Um 3 Uhr im Büro übergab mir Ratsch einen Brief von T. Auf dem Kuvert steht: «An 1), 2), 3) und im Brief:

Mary Gerold
Bouquet
Dickerchen

werden gebeten sich nach dem Abendbrot bei mir einzufinden. Zu rauchen gibt es, zu trinken und zu reden, je nach den Geistesfähigkeiten usw.»

– Wir gingen nicht. –

Freitag, 16. November 1917

Bouquet erzählte, sie sei in der Bibliothek gewesen. T. sei wütend, habe gesagt, daß es unfein sei, nicht zu antworten.

Sonnabend, 17. November 1917

Beim Kaffeetrinken sehe ich durchs Fenster und da geht «Dickerchen» (T.) übern Marktplatz. Als ich um 8 ins Büro gehe, kommt er zurück, sehr ernst und sieht sich nicht nach mir um.

Nach dem Mittagessen gehe ich mit Leimann den Weg zum «östlichen Kriegsschauplatz» und – wir treffen Dickerchen. Ich gehe hochnäsig an ihm vorüber. Ich hatte meinen freien Nachmittag. – Es ist kurz vor drei. Dickerchen geht zur Druckerei. Ich rieche den Braten. Es ist 5 nach 3 – ich gehe den Weg zur Kirche. Da sehe ich ihn übern Marktplatz gehen … Und da ist er schon neben mir: «So'n dummer Junge, kaum hat er das Mädel erblickt, so kommt er ihr auch schon nachgelaufen.» – Wir reden und reden, über die Einladung, über Frauen, über «das» …. Morgen um ¼ 5 wollen wir uns auf dem östlichen Kriegsschauplatz treffen.

Abends brachte Ratsch mir ein riesengroßes Kuvert von Dickerchen. Zigaretten und ein Gedicht. Wir sprachen auf unserem Spaziergang über die Deutschen und die Russen, und ich äußerte, daß die Russen viel galanter sind …

Sonntag, 18. November 1917

Nachmittags ging ich mit Ratsch in die Bibliothek zu Dickerchen, um ihm zu sagen, daß ich nicht zu unserer Verabredung käme, weil es regnet. Wir verhandelten lange, bis wir übereinkamen, zu dritt einen gemütlichen Abend zu verbringen. Um 7 Uhr erwartete er uns in der Bibliothek. In seinem Zimmer war der Tisch gedeckt, eine jede hatte eine Tischkarte. Auf meiner stand: «Fräulein Mary Gerold. Guten Appetit und ein fröhlicher Winter!» Der Abend verlief recht ernst. T. widmete sich mehr Ratsch, was mir sehr willkommen war. T. u. ich, wir benahmen uns, als ob wir uns eben kennen gelernt haben. Ich hörte nur zu, denn er erzählt interessant und ist sehr klug. Gut sieht er auch aus, obwohl er keine Erscheinung ist, sein Profil ist großartig: eine hohe gewölbte Stirn, eine schön gebogene Nase, ein sinnlicher Mund und die Augen spitzbübisch! – Sein Gang seine Bewegungen verraten sein übersprudelndes Temperament. –

Als wir im Bett lagen sagt Ratsch zu mir: «Hör, er ist verkracht in dich.» Ich mache das dümmste Gesicht und bestreite das. «Nein», sagt sie, «das fühle ich, du mußt nicht denken, daß ich eifersüchtig bin.» – Als wir uns von T. bei ihm verabschiedeten, küßte er einer jeden die Hand und flüsterte mir zu: «Doch ...» –

Montag, 19. November 1917

Ratsch übergab mir einen Brief vom Dickerchen. Er schreibt wieder so nett. – Ich fürchte mich vor seinen weichen, zarten Händen und vor seiner Art mit Frauen umzugehen ...

Nachmittags ging ich mit Ratsch zu Dickerchen. Er wollte mit uns spazieren gehen, doch ich wollte mich nicht am hellichten Tag mit ihm zeigen, damit es morgen in aller Mund ist. Er sah es ein. – Ich muß über ihn lachen, er sieht wie ein richtiger Gamin aus, wenn er seine Mütze aufstülpt u. sein pfiffiges Gesicht macht ... Aber Mary, du wirst doch nicht Feuer fangen? – Mach keine Dummheiten, sei vernünftig, denk daran: zuletzt ist Leid der Lohn der Liebe ...

Mittwoch, 21. November 1917

Um 12 Uhr erwartete er mich und begleitete mich nach Hause. Er bat mich sehr, heute zu ihm zu kommen, ohne Anstandswauwau. Ich ging hin. Er sprach lange und eindringlich auf mich ein, ich saß da und – schwieg, und verstand gar nicht den Kern der Sache. – Die Uhr lag auf dem Tisch – die Zeit verging viel zu schnell.

Freitag, 23. November 1917

Mittags erwartet mich Dickerchen, gratuliert zur neuen Wohnung und übergibt mir ein Päckchen: es ist «Rheinsberg. Ein Bilderbuch für Verliebte» von Kurt Tucholsky. Ich habe es flüchtig gelesen. Zweifellos sind es seine Erlebnisse. «... Mädchen, werft eure Ketten weg – tanzt, tanzt ...» Das Buch beschäftigt mich, in jedem Wort erkenne ich ihn.

Als ich Mittwoch bei ihm war und er mich um meine Freundschaft bat, fragte ich – wozu? Als er mich aufs Haar küssen wollte – warum? –

Sonnabend, 24. November 1917

Plötzlich fragt er mich, wie es denn wäre mit einer Bruder- und Schwesternschaft, ich fragte ihn, wie er sich denn das vorstelle: «Natürlich nicht in der Öffentlichkeit, sondern in den wenigen Stunden, die ich ihm schenken werde.» – Ich lehnte es ab. Da fragte er mich, wie ich es mir denn vorstelle ... «Ja was denn?» – «Ich will Sie nicht nur als Freundin, ich will Sie ganz.» – Mir war es wie ein Schlag ins Gesicht. Ich hatte alles, was wir bisher geredet hatten, als Scherz aufgefaßt, aber nun fing ich an zu begreifen, daß es ernst war. –

«Ich verstehe Sie nicht.» –

«Ist das Ihr Ernst» – «Ja, mein voller Ernst.» – Er war erregt.

«Ja wie haben Sie sich denn eine Freundschaft zwischen Mann und Frau vorgestellt? ohne das?» –

«Ja, das habe ich mir vorgestellt.» –

«Ich kann das nicht. Ich kann mit einer Frau freundschaftlich gesellschaftlich verkehren, wenn sie mir gleichgültig ist, aber nicht mit einer Frau, die ich gernhabe ...»

Ich verstummte, ich erstarrte … Ich hatte es nicht für möglich gehalten, daß ein Mann bei mir das voraussetzen könnte. «Da haben Sie sich wieder einmal sehr in mir getäuscht, was denken Sie überhaupt von mir?» –

«Ich weiß sehr wohl, daß Sie eine junge Dame sind, und darum frage ich Sie, Sie können darauf antworten, wie Sie wollen, ich habe bisher diese Frage an jede Frau gerichtet, die ich gern habe.» –

Ich fühlte mich erschüttert, aus dem Gleichgewicht geworfen, daß ich ihm fast nichts antworten konnte. «Bei mir wird das nie der Fall sein.» – «Und warum nicht?» –

Ich schwieg … «Moral, Anstand, Sitte, Erziehung?» – «Ja!» – «Das sind ja ganz schöne Worte, aber ist das wirklich Ihre Meinung?» – «Ja, was dachten Sie, daß ich mich einem ersten besten hingeben würde, mich wegwerfen?» – «Erstens bin ich nicht der erste beste …» – «Gut.» – «Hingeben, wegwerfen, pfui scheußlich …, es kommt doch darauf an, wie man es ansieht: schmutzig oder sauber, ich habe es nie schmutzig angesehen! – Mary, Ihr Verstand sagt nein, aber nicht Ihr Blut …» – «Wollen wir das Thema wechseln, es ist mir entsetzlich, solch ein Gespräch zu führen.» – «Ist es denn wirklich so tragisch, so furchtbar, müssen Sie mich deshalb mit so einer eisigen Kälte behandeln, mit Eisstükken nach mir werfen …?»

Er lächelt vielleicht über mich, wie ich mich gestern benommen habe, ich konnte nicht anders, ich war empört, zutiefst beleidigt. Er hat mich vom ersten bis zum letzten Augenblick verkannt – und ich habe ihn *nicht* verstanden. Ich hielt alles für Scherz, ich duldete Gespräche, weil ich sie für Scherz hielt. Wie oft sagte er mir, er wolle nichts von mir, das andere könne er doch viel leichter und einfacher bei einer anderen haben, er habe mich gern, um meiner selbst willen, ich soll doch nicht so mißtrauisch ihm gegenüber sein. – Ich konnte es einfach nicht fassen, daß er auch nur einen Augenblick geglaubt hat, mir *das* zuzumuten.

Sonntag, 25. November 1917

Ich holte Ratsch ab und wir gingen in die Kirche zum Konzert. Es hatte schon angefangen. An der Tür stehen mehrere Offiziere und – Dickerchen. Wir sahen uns an … Nur nicht denken, nur nicht grübeln. Ich habe das Empfinden, schade, daß es so hat enden müssen … Aber besser jetzt als später.

Donnerstag, 29. November 1917

Eigentlich freue ich mich, daß es so mit Dickerchen kam, – daß er trotz seiner immer wieder betonten «Frauenkenntnis» sieht, daß es lustige vernünftige Mädel gibt – und die *nicht* zu haben sind.

Freitag, 30. November 1917

Es ist ½ 9 Uhr. Tucholsky ist zu Steudel gekommen. Die Tür steht offen. Ich sah mich um, er sah her. – Ich muß lachen. Mein Herz schlägt etwas schneller, nicht für ihn, nur so.

Dienstag, 1. Januar 1918

Um 4 Uhr gehen wir zu Meyer. Mit T. formelle Begrüßung, wir reichten uns die Hand – aber ich tat es sehr schnell und kalt. Ich war die ganze Zeit mit Wingler. Aber ich merkte, daß T. mich ansah, und wenn ich zu ihm hinübersah, sah er rasch wo anders hin und ... lächelte. Zum Abendbrot, als ich den Zucker ausstreute, rief T. «das bringt Glück» – Ob? – und dann hielt er eine Rede auf uns, den Damenflor und gab einer jeden einen Blumennamen. Die Rede war kurz, aber geistreich und so witzig, wie ich noch keine Rede gehört habe. Ratsch – das bescheidene Veilchen; Schilinski – Rose, Mary – Lilie, Schwarzkopf – Stiefmütterchen, Mariechen – freche Sonnenblume, ich – Mimose ... Zu Hause, als ich schon im Bett lag, sagte mir Ratsch, sie hätte mir etwas zu sagen. T. hat mit ihr gesprochen und sie gebeten, die Vermittlerin zu spielen. Er möchte sich bei mir entschuldigen, aber fürchtet, ein schroffes «nein» zu erhalten. «Sie haben doch Ersatz» hat Ratsch ihm gesagt. «Ja – *Ersatz* ...» hat er geantwortet. Ich lag noch lange wach und dachte nach. Er ist der *einzige* in Autz gewesen, der mich interessiert hat!

Donnerstag, 3. Januar 1918

Warum fängt er wieder an? Gutes erwarte ich davon nicht, – nur Pein und Qualen ...

Sonnabend, 5. Januar 1918

Meine Gedanken beschäftigen sich dauernd mit T. ... Es waren zwei Königskinder, die hatten einander so lieb, die konnten beisammen nicht kommen, das Wasser war viel zu tief ...

Kurt Tucholsky
in Rumänien, September 1918

Vom 6.–11. Januar 1918 in Riga.

Sonntag, 13. Januar 1918 (wieder in Autz)

Wir hatten Dienst. War das Aufstehen schwer. – Entsetzlich! Bis ½ 9 Uhr saß ich bei Ratsch. – Da kommt plötzlich T., reicht allen die Hand, zuletzt mir. – Wir sehen uns an – ich lese in seinen Augen eine Frage ... ich sehe fort. Er fragt und erzählt allerlei, – ich werfe nur ein paar Worte ein. Er verabschiedet sich ... Wieder begegnen meine Augen seinem fragenden Blick. Da sagt er unvermittelt –: «Die Friedensverhandlungen in Brest sind gut abgelaufen, wie aber wird es in Autz sein? Ich schlage vor, wenigstens den kleinen Finger ...» – Ich sehe ihn an – «Meinetwegen.» – «Nein, meinetwegen» sagt er und geht.

Ich bin gespannt. Mein erster Gedanke, als ich vom bunten Abend hörte, war, wird Dickerchen nicht auch da sein? Er und P. sind die einzigen, bei denen ich wie elektrisiert bin.

Dienstag, 15. Januar 1918

Ratsch übergab mir ein Päckchen vom Dickerchen: eine allerliebste kleine Flasche Wein, eine Schachtel Zigaretten und ein Zettel «Wohl bekomms».

Mittwoch, 16. Januar 1918

Ich ging in die Bibliothek, um mich zu bedanken. T. war nicht da. Ich suchte mir ein Buch aus, unterdessen kam er. Ich wollte ihm danken, doch er sagte, das wollen wir doch nicht zwischen uns einführen.

Er fragte, warum ich ihn immer von neuem mit kaltem Wasser begieße. Ich fragte, ob es sich lohne, unsere Bekanntschaft zu erneuern, da ich kaum glaube, daß ich mich so werde geben können wir früher, aus Furcht, daß es wieder falsch ausgelegt würde. Er sagte, er hätte nie etwas falsch bei mir ausgelegt.

«Ja dann verstehe ich nicht, wie Sie dazu kamen ...?»

«Weil ich Sie sehr gern hatte, und habe, ich hätte es auch einer Prinzessin gesagt ..., ich kann eben nicht anders, ich wollte Sie nicht verletzen.» –

«Es hat mich aber so verletzt, wie mich noch nie etwas in meinem Leben verletzt hat und verletzen wird.» – «Bedenken Sie doch, es wäre doch Wahnsinn, daß ich Sie verletzen wollte, da ich Sie so gern hatte.» – «Sie hatten es nicht vorausgesetzt.» – «Nein, Sie sind im Irrtum, Ihre Auffassung ist eine falsche.» – «Ich meine, wenn es einmal so geendet hat mit uns, so wird es ja wohl auch wieder so enden ...» – «Geendet? – bei mir hat es nicht geendet.»

Er begleitete mich nach Hause. Wir wollen morgen in der Mittagszeit spazierengehen. Die ganze Nacht habe ich von ihm geträumt ...

Donnerstag, 17. Januar 1918

Er: «Ich möchte den Kerl totschlagen, der es Ihnen beigebracht hat, daß jeder Mann von einer Frau etwas will; das denken Sie auch von mir, Sie denken, ich sehe in Ihnen nur das Weib – nein, das ist es nicht, es ist ganz etwas anderes, es sind die Fingerspitzen ... Sie tanzen an einem Abend vielleicht mit zwanzig Männern, und nur einer ist darunter, bei dem Sie fühlen: wir passen zusammen, mit dem macht es mir Freude zu tanzen. Wenn ich wüßte, daß Sie sich auch nur leise für einen anderen interessieren, wenn ich wüßte, daß ich Ihnen ganz gleichgültig bin – ich wäre nicht gekommen, aber ich weiß, daß es so nicht ist, und es muß auch so sein ...» «Es muß nicht.» – «Es muß! Ich habe einmal ein Ballett gesehen, in einem ganz kleinen Theater, eine Russin tanzte, eine wundervolle Frau. Und als alles zusammenbrach, alles unterging, da sagte sie zu ihm – nur mit einer Bewegung – «wir bleiben zusammen» – und ich schäme mich nicht, Ihnen zu sagen, daß ich beinah geheult habe ..., es war Fleisch und Blut. Nun – sagen Sie etwas, antworten Sie.» – «Was soll ich sagen, was antworten ...» – «Sie brauchen nichts zu antworten, nur möchte ich gern wissen, ob unser Ton zusammenklingt?» – «Muß man es denn merken lassen, daß man versteht?» – «Kühl bis ins Herz ..., das ist es eben, was so reizt ... Sie denken, ich will etwas von Ihnen, ich rede Ihnen was vor, um dann wie ein Gockel nach Hause zu gehen und zu triumphieren, nein, es ist etwas anderes – und?»

«Es gibt kein und.»

«Ja, das gibt es wohl, warum soll es kein ‹und› geben, soll ich es Ihnen sagen? Sie fürchten sich! – nicht vor mir, nein, vor sich selbst. Sie sind – verzeihen Sie, daß ich es sage – sinnlich ... ich kenne Sie wie meinen kleinen Finger. Eine Frau nicht kennen! Ich bin doch nicht mehr 19, wo man in der Frau nur das Weib sieht, ich will nicht sagen, daß ich übersättigt bin, aber nun mit 28 Jahren ist es etwas anderes, was mich an Sie fesselt – ich komme nun mal nicht hinweg über das dumme Wort ‹Liebe› – und ...?»

Ich schwieg, wie ich die ganze Zeit geschwiegen habe und ihn reden ließ. «Ich werde Ihnen sagen, was der Grund ist: Sie schämen sich – ist dazu aber ein Grund, wenn zwei Menschen sich finden?»

Freitag, 18. Januar 1918
Er hat Recht, ich fürchte mich vor mir selbst …, ich fürchte, mich zu verlieren.

Sonnabend, 19. Januar 1918
Um 2 Uhr treffe ich mich mit Pape zu einer Schlittenpartie. Um 7 Uhr mit Ratsch bei Dickerchen. Wir blieben allein. Ich saß im Lehnstuhl, der Ofen brannte, er stand bei mir und redete auf mich ein, warum ich immer mit Steinen werfe, warum ich immer so ironisch bin. «Ich weiß, Sie gehören zu den Frauen, die nie ‹ja› sagen, aber sagen Sie nicht nein, Sie belügen sich. Sie gehören zu mir, wie mein Arm zu mir gehört.»

«Gar nicht!»

«Sie sind nie so nahe dran gewesen, von mir geküßt zu werden, wie jetzt, in diesem Augenblick. Es ist nicht, weil Sie die Schönste in Autz sind, oder weil Sie eine weiße Haut haben – nein, Sie sind es, die Fingerspitzen …, ich bitte Sie, lernen Sie um …» Er wollte meine Hand küssen – ich entzog sie ihm. Während er so neben mir stand und leise und eindringlich auf mich einredete, saß ich da, und ein Zittern ging durch meinen Körper, ich hörte zu und – zählte die Quadrate von der Tischdecke.

Sonntag, 20. Januar 1918

Um 5 ging ich zu ihm. Er hatte auf mich gewartet und kam mir entgegen. Er fragte dies und jenes und dann: «Wie lange soll nun diese Komödie gespielt werden – die schöne, schöne Zeit. – Sie wissen doch, wie gern ich Sie habe, Sie wissen, daß es nicht Ihr Körper ist, der mich lockt, Sie wissen alles, ich kann Ihnen nichts Neues sagen – warum sträuben Sie sich, warum? Es geschieht so unendlich selten, daß sich zwei Menschen wirklich verstehen, warum zögern Sie ...»

Lange, lange sprach er so auf mich ein ich weiß nicht mehr, waren es Stunden, waren es Minuten, er kniete vor mir, streichelte leise meine Hände und drückte von Zeit zu Zeit einen zarten Kuß auf sie. Er wiederholte, was ich schon hundertmal aus seinem Munde gehört hatte – «... sagen Sie nicht ja, aber sagen Sie auch nicht nein und sträuben Sie sich nicht, wenn ich Ihnen einen Kuß gebe.» – Und unsere Lippen fanden sich und unsere Herzen schlugen im gleichen Rhythmus ... Und dann sah ich ihn an – er war trunken, seine Augen waren trunken – «... geh weg mit deinem Haar», sagte er leise. Ich fing an, mich zu fürchten ... – «Weißt du, wenn dein Mann dir einmal einen neuen Hut nicht kaufen will – brauchst du nichts anderes zu tun, als ihn mit deinen Haaren zu berühren.»

Ich ging zum Spiegel, um mich zurechtzumachen. «Darf ich das Licht ausdrehen?» – Ich sah ihn an, ich wußte nicht, was er damit meinte. Ich sah ihn an. «Wozu?» – – –

Ich wollte gehen – «Wozu soll ich bleiben, es muß ein Ende gemacht werden, bitte lassen Sie mich gehen!» – «Du kannst nicht gehen, du darfst nicht gehen, dazu habe ich dich zu rasend gern, Mary, du kannst nicht gehen, soll unsere Freundschaft in die Binsen gehen, es ist Wahnwitz, wenn du gehst, du machst eine Dummheit, die du in deinem Leben bereuen wirst!» – Wir sahen uns an, lange, scharf ... «Heute abend weiß ich, daß du keinen Freund gehabt hast. – Mary sei vernünftig, ich will ja nur dich, du bist mein, du kannst dich von mir nicht mehr trennen. Den Augenblick, als du ‹Du› zu mir gesagt hast, kann mir die weißeste Brust nicht ersetzen – ich zittere nicht danach, das war mit 19 Jahren, obwohl – aber das geht dich gar nichts an – ebenso wie es dich nichts angeht, was ich empfunden habe in der Zeit, als wir getrennt waren und wenn ich dich auf dem Marktplatz gesehen habe – – das geht dich gar nichts an. Es ist doch eine Verrücktheit, nur fünf Minuten soll das Glück gedauert haben, wo sich endlich, endlich einmal zwei Menschen gefunden haben ...»

«Ich bitte Sie, lassen Sie mich gehen – quälen Sie mich nicht.»

«Du kannst nicht mehr gehen, es ist zu spät. Mary, ich kann dich nicht lassen, dazu habe ich dich zu gern ...» Mir war es zum Sterben zu Mut, ich hätte am liebsten losgeheult, aber ich mußte stark sein. – «Ich bitte Sie, lassen Sie mich gehen, wollen Sie mich unglücklich machen?» – «Ich mache dich nicht unglücklich, du redest wie der Blinde von der Farbe, ich sage dir, du wirst nicht schlechter – und ich? Herrgott, Mädchen, nimm Vernunft an! – Gewiss, du kannst gehen, so halte ich dich nicht, und damit soll es aus sein? Du gehst nach Hause, legst dich schlafen, und ich – das geht dich aber gar nichts an – und damit endet es?» – Mir war es so schrecklich zu Mut bei diesem Gedanken, daß ich es gar nicht beschreiben kann – sich eben erst gefunden, so selige Minuten verlebt – und das war alles? – und das ist das Ende? ...

«Mary, quäle dich nicht, quäle mich nicht, quäle uns beide nicht, sei vernünftig und bleib – ich will gar nicht ‹das›, ich will dich!»

«Lassen Sie mich gehen ...» – «Warum?» – «Ich will mir treu bleiben ...» Mir war zu Mute, als ob ich 40° Fieber hätte, alles war so verworren – nur mein Verstand nicht. Ich ging nach meiner Jacke. – «Ich schlage vor, wir essen Abendbrot und du überlegst dir die Sache, denn eben kannst du mir keine vernünftige Antwort geben.» – «Ich weiß ganz genau, was ich sage, es ist besser ein Ende zu machen ...»

«Gut, ich lasse davon ab, zunächst – besser ein Stückchen als gar nichts, du kommst zu mir, wir plaudern, gehen spazieren – und du bist bei mir, weiter will ich gar nichts, ich sehe einen jeden Zug an dir, der dir ganz selbstverständlich erscheint, weil du ein anständiger Kerl bist, du hast so etwas mütterliches an dir, was so selten Frauen haben, wenn ich zu dir kommen würde mit Sorgen und meinen Kopf in deinen Schoß legen, ich weiß, du würdest nichts sagen, du würdest mir über den Kopf streichen. Also, Mary, ich schlage vor: Waffenstillstand! ‹Das› ist doch nicht der Kardinalspunkt, um den es geht, das ist es nicht, das kann ich bei jeder anderen auch haben, sondern du bist es, deine Nähe, obwohl es mir verdammt schwer fallen wird, aber das geht dich gar nichts an. Wir reden davon zunächst nicht mehr, jetzt wollen wir Abendbrot essen, ich werde Dir zur Gesellschaft mitessen.» Ich hätte keinen Bissen herunter kriegen können, meine Kehle war zugeschnürt. «Komm, Blonde, gib mir einen Kuß –» Ich vergrub meinen Kopf an seiner Schulter. «Du bist doch ein Affe, wenn ich nicht ein Mummelgreis mit langem weißen Bart wäre, so säße jetzt jeder zu Hause und ... Nun ja, jetzt lachst du wieder, Matz» –

und wir wurden wieder ausgelassen, wie vorher. Und dann gingen wir.

Montag, 21. Januar 1918

Um ¼ 8 ging ich zu ihm. Ich hatte mir vorher alles überlegt, was ich ihm sagen wollte. Ich kam hin, legte nicht ab. «Ich habe alles überlegt und bin zu dem Entschluß gekommen, wir trennen uns, denn ein ‹und› gibt es nicht, das sagte ich Ihnen vor drei Monaten, das sagte ich Ihnen gestern, das sage ich heute, also wozu? – Trennen wir uns jetzt, es ist besser so.» – «Nein, Mary, sei vernünftig, leg ab und mach keine Geschichten.» – «Sie sagten, es würde Ihnen schwer fallen, und das will ich nicht.» – «Ich sagte dir aber auch, das geht dich einen Pfiff an, das ist sehr nett von dir, daß du so rücksichtsvoll bist – aber das geht dich nichts an, ich habe dich lieb, ich freue mich, daß du überhaupt da bist.» Und dann aßen wir Abendbrot, er erzählte sehr viel, ich war gehemmt und kam nicht recht aus mir heraus.

Morgen um 1 Uhr werde ich belichtbildert, am liebsten möchte er 12 Bilder von mir haben, und als ich ihn fragte, warum nicht 13, da sagte er, er habe von einer Frau, die er bis jetzt am meisten geliebt hat, ein Album, in dem ungefähr 60 Aufnahmen von ihr sind, denn eine Frau ist in jedem Augenblick anders. – «Und dann bitte ich dich noch um etwas, schmeiß nicht gleich mit Steinen.» Er sah meine Locken an. Ich lachte, was für ein Unsinn. «Nein Blonde, damit ist es etwas anderes, und weißt du, ich bin ein großer Erinnerungsfreund. – Weißt du, einmal, wenn du herkommst, will ich das Zimmer mit Kerzen beleuchten, denn Frauen sehen noch einmal so schön bei Kerzenschein aus, ich weiß nicht, woher das kommt, wahrscheinlich durch das Flackern – und Frauenhaar –»

«Heute Morgen – ich konnte nicht arbeiten, ich hatte wahrscheinlich zu stark geraucht, denn das kommt nur davon! – ging ich spazieren und dachte viel an dich.» Und dann gab er mir Bücher zu lesen und diesen Brief. Emil kam nach Hause und wurde mir vorgestellt und dann gingen wir. Ich war ruhig, wie ein Meer an einem windstillen sonnenklaren Sonntagmorgen.

Dienstag, 22. Januar 1918

Es ist so sonderbar. Alle diese Tage war es so: Wenn ich an ihn denke, bin ich wie im Taumel, alles in mir zittert und sehnt sich nach ihm, ich genieße in Gedanken den vergangenen Tag – und gleichzeitig werde ich traurig, daß ich mit Gewalt die aufsteigenden Tränen unterdrücken muss – warum? – ich weiß es nicht. Ich will nichts von ihm, aber eine große Traurigkeit kommt über mich, gegen die ich nicht ankämpfen kann.

Heute Nacht hatte ich einen Traum: Meine Hand sollte photographiert werden, mein Ring hatte sich verbogen, ich wollte ihn zurechtbiegen – da brach er durch! Ich gab ihm die Teile, damit der Ring wieder ganz gemacht wird. Als mir beim Erwachen dieser Traum einfiel, kam es mir in den Sinn: bist du nicht der Ring? Dabei fällt mir ein, wie ich ihm früher meine Hand fortzog, wenn er sie küssen wollte und ihm sagte, daß ich das lächerlich fände. «Du weißt gar nicht wie viel mehr ein Mann das empfindet, viel, viel mehr als eine Frau, die Lächerlichkeit eines Kusses oder dergleichen Dummheiten – aber es ist nicht die körperliche Berührung, es ist etwas anderes ...» Ich wollte eine Zigarette anstecken. «Nimm von meinem kärglichen Feuer – siehst du, wie hübsch das brennt.»

Und wir gingen spazieren. Ich war so glücklich, so froh in seiner Nähe, neben ihm zu gehen, daß er da war – auch wenn wir nichts sprachen ... wunschlos, an nichts denkend, den Augenblick genießend.

Einmal sagte er zu mir: «Was du bist, wie du bist, empfindet man erst richtig, wenn du nicht da bist.»

Wir gingen in die Bibliothek, weil ich gestern ein paar Bilder vergessen hatte und er schenkte mir den «Soldaten», den ich eigentlich schon zu Weihnachten hätte bekommen sollen. Ich war so gerührt drüber, wie mich selten etwas gerührt hat. Ich sagte kein Wort des Dankes, denn das wäre ganz fehl am Platze gewesen. Er nahm mich in seine Arme. «Du führst den Kampf nicht mit mir, nein, mit dir!» (Warum muß er immer darauf zurückkommen? Es stimmte mich traurig.)

Donnerstag, 24. Januar 1918

Wie ich das eben schreibe, bekomme ich ein Paket und diesen Brief. Es ist ein wunderschöner Kunstkalender und dieses Gedicht. Es stimmt mich traurig – wenn er nicht davon abläßt, dann – muß ein Ende gemacht werden. Das schreibe ich so leicht nieder, aber es mir vorstellen, wie es sein würde – das kann ich nicht. Ich kann mir kein Bild davon machen, wie es sein könnte, wenn es mit uns aus ist – wozu auch denken, es wird schon früh genug kommen.

Freitag, 25. Januar 1918

Einen zweiten Mann wie Tuch gibt es nicht, werde ich nie finden, der so sauber, so rein mit einer Frau umgeht, an dem nichts abstoßend ist …, vielleicht bereue ich noch einmal …

«Du weißt ja nicht, wie es ist. Sieh, auf dem einen Ufer blüht alles – auf dem andern nichts. Du vertraust mir, vertrau mir auch hier – es ist nur ein Graben, der uns trennt – tu den Sprung, ich fange dich auf …»

Während ich das schreibe, höre ich seine Stimme. Soll ich hinausgehen oder nicht? Ich gehe. Gehe, ohne ihn ‹zu bemerken›. Er kommt mir entgegen, grüßt, ich danke mit einem Kopfnicken – auch der schärfste Beobachter konnte nichts entdecken.

Lebe ich? Befinde ich mich in der Wirklichkeit? – Nein, ich träume…

Sonnabend, 26. Januar 1918

Als ich ins Büro gehe, kommt er mir entgegen. «Mätzchen, warum kamst du gestern nicht, ich habe dich erwartet –» Um 2 Uhr wollen wir uns treffen.

Sonntag, 27. Januar 1918

Ich war bei ihm. Die Zeit stand still … «Ich will nichts von dir, ich will alles vergessen, bei dir sein.» Ich vertraute ihm. Waren es Minuten oder Stunden? – Ich weiß es nicht mehr.

Montag, 28. Januar 1918

Er schenkte mir wieder ein Bild – und dieses Gedicht dazu. Ich habe ihn unsagbar gern. Ich begreife es selbst nicht, ich verstehe noch nicht mein Glück zu schätzen – ‹erst in Leid und Bangen …›.

Dienstag, 29 Januar 1918

Es war sehr sehr schön. Wir tranken eine Flasche Sekt und ich hatte einen reizenden Schwips. «Lach mich nicht aus, daß ich dir das sage, aber wenn ich eine Frau liebe, dann fresse ich mich in sie hinein. Ich mußte dich gestern immerfort ansehen. Du sahst aus, wie eine junge Frau, wie du am Ofen saßst, so müde und mit einem Gesicht: ihr könnt mich alle … eine Frau ist eben immer neu.» Und dann gab er mir eine Stelle aus Heinrich Manns «Venus» zu lesen. Ich habe aber die Stelle verschlagen und lese das ganze Buch.

Mittwoch, 30. Januar 1918

Eine Freundin, der er vier Jahre treu war, hat ihm gesagt, wenn sie mit ihm zusammen ist, so überkommt sie ein Rausch: sie ist ganz vernünftig, bis sie die Treppe heraufkommt und klingelt – aber dann ist es aus. «Ganz so geht es mir, ich weiß, wenn ich in deine Nähe komme, dein Haar berühre, dann bin ich trunken – ich müßte mich doch dagegen wehren können – aber …»

Mary Gerold, Dezember 1919

Donnerstag, 31. Januar 1918

Da kriege ich nun ein Buch, diesen Brief, eine Dose Mixed-Pickles, eine Flasche Milch ... Er sorgt für mich wie eine Mutter. Am Abend war ich bei ihm. Er hörte mich nicht kommen, saß in der Bibliothek und las Zeitung, ich saß mucksmäuschenstill, bis er kam – und dann ...

Es war wieder ein stürmischer Abend.

Sonnabend, 2. Februar 1918

Heute Réunion bei Tuch. Es war wundervolles Wetter. Wir gingen um die Mittagszeit spazieren, es war ganz herrlich. Ich zog meine Jacke aus und ging ohne Hut im Kleide, so warm war es. Es wurde wieder ein toller Abend. «Warum machst du es mir so wahnsinnig schwer? Wenn du verheiratet sein wirst, wirst du verstehen, was es für einen Mann heißt zu verzichten, wenn er jemand gern hat. Und es hat dich jemand rasend lieb, mehr als du weißt.»

Dienstag, 5. Februar 1918

Abends ging ich zu ihm. Ich hatte mich etwas verspätet. Er stand an der Tür und erwartete mich. Er war anders als gewöhnlich, still, nachdenklich.

«Mätzlein, sag, wozu soll das führen, warum gibst du dich nicht so, wie du bist? Du weißt doch, was los ist – warum bist du so? Der Spaziergang! Du sagtest nichts, ich sagte nichts, was sollten wir uns denn sagen? – Aber der grüne Baum spiegelte sich in deinen Augen – ich sag dir, mir kam beinah das Heulen. Ich habe das Gefühl, du möchtest gern mal die Arme um meinen Hals legen – aber dann kommt die Vernunft mit einem Eimer kalten Wassers, du gibst dir einen Ruck: ‹Wozu? – es hat doch keinen Zweck – und solchen Unsinn.› Du siehst es ganz gern, daß ich mit dir herumhüpfe in der Stube, na ja, und dann gehst du weg – es war eben ein ganz nett verbrachter Abend. Ich würde dir das alles nicht gesagt haben, wenn das dein Naturell wäre, aber ich weiß was anderes ... Dann würde ich dich laufen lassen – wir verstehen uns eben nicht – aber das ist nicht so, ich weiß, daß wir zu einander passen, wie zwei Farben, die sich ergänzen. Wenn du nicht in Autz wärst, so weiß ich ganz genau, daß für mich hier keine Frau existieren würde. Zu Bett gehen mit einer, küssen, plaudern – ein ganzer Haufen, aber das andere nicht. Warum diese Spannung, die uns trennt? Wenn das nicht wäre, dann würden wir, wie der Volksmund sagt – die glücklichsten Menschen sein. Daß eine Frau mir ihren Körper versagt, das dulde ich, aber daß sie mir ihre Seele versagt – das kann ich nicht dulden. Warum das? Warum läßt du dich vom Verstand so sinnlos beherrschen, warum? Sieh mal, wenn ein Uhrmacher eine Uhr in die Hand nimmt, so weiß er, was damit los ist. So weiß ich mit einer Frau Bescheid – obwohl das nun nicht gerade mein Beruf ist. Ich weiß, daß wir beide lange werden suchen müssen, bis wir das finden, was uns vereinigt: Du wirst suchen, ich werde suchen. Nur zweimal, vielleicht dreimal habe ich das bis jetzt gefunden.»

Ich saß still da und sagte nichts. «Sieh mich an! – Sag nicht ja, aber sag auch nicht nein.» Er hob meinen Kopf, ich schloß die Augen ... Nichts bleibt vor ihm verborgen, kein Gedanke, kein Gefühl. Alles, alles, eine jede Regung meines Herzens erkennt er.

Mittwoch, 6. Februar 1918

Von ihm eine Flasche Milch und diesen Brief. (Ludolf ist unser Kind.)

Ich habe ihn maßlos gern ich möchte ihn auffressen vor Liebe – und wenn er herkommt, dann bin ich zu ihm abscheulich! Abends bei ihm. Die Zeit stand still. Ich fürchte mich – er weiß es – vor mir …

Sonntag, 10. Februar 1918

Ich dachte, wie es sein würde, wenn es zwischen uns aus wäre. Ich würde mich schon wieder finden, mit der Zeit – nur, ich würde frieren …

Montag, 11. Februar 1918

Es ist Frieden mit Rußland!

Abschied! Scheiden! – was für entsetzliche Worte … Warum haben wir noch einmal angefangen? Warum blieb es nicht bei der Trennung, nachdem sich der Sturm gelegt hatte, nachdem ich meine Ruhe wiedergefunden hatte, warum? Wir wußten doch, daß wir uns nicht gleichgültig bleiben konnten. Und die schönen Stunden, die seligen Minuten? Zählen die nicht? Soll ich mir wünschen, wir wären uns nie begegnet?

Nein, lieber leiden, als nie geliebt zu haben. Sei stark! Genieße noch die Minuten, die dir bleiben, und wenn es sein muß, wirf dich hinein in das neue Leben. Genügt nicht das Bewußtsein, daß sich zwei Menschen gefunden haben, bei denen jede Faser ihres Herzens übereinstimmt, die sich lieb haben, wie sich nur zwei Menschen lieb haben können, genügt das nicht, um der Trennung gefaßt entgegenzusehen? Ich habe geliebt und ich war geliebt!

Doch genug, ich verliere sonst meine Fassung, und keiner soll ahnen, was in mir vorgeht. Freue dich, daß du gehabt hast! Aber unsäglich schwer ist mir zu Mut.

Den Abend verbrachten wir zusammen. Wir aßen Abendbrot, und dann steckte er mich hinter den Vorhang – und da lag wieder eine Überraschung für mich: es waren Visitenkarten. Und noch heute war mir der Gedanke durch den Kopf gegangen, ob mir nicht welche in der Druckerei gemacht werden könnten. Das sagte ich ihm und fügte hinzu, es wird wohl Gedankenübertragung gewesen sein. «Glaubst du, daß es das nicht gibt?» – «Gewiß!» – Und er schloß mich in die Arme.

«Mätzchen, ich habe dich Sonnabend um keine Welt fortlassen wollen. Man müßte doch denken, wenn ich mir dir zusammengewesen bin, daß ich ruhiger sein muß – aber wenn du fort bist, ist es noch viel schlimmer. Ich kann dir sagen, ich habe dich noch nie so begehrt, wie Sonnabend, als du wegwarst. Im Büro, wenn ich mich gehen lasse, wenn der Wille erschlafft, dann fühle ich dich plötzlich so deutlich, noch viel deutlicher als wenn du tatsächlich da bist, es ist das Gefühl, wenn sich das Haar vor der Berührung kräuselt. Mätzchen, das, was dich so reizvoll macht, ist nicht das kleine Mädchen – das ist die Frau. Ich sehe dich ganz deutlich als 25-jährige. Sag nicht, dann bist du eine alte Frau, andere werden es sein, ich sehe es ihnen an, mit einem Schlappbusen und müden Zügen. – Du wirst eine wundervolle Frau sein. Ich habe nie mit so jungen Mädchen verkehrt wie mit dir. Ich wußte nie, was mit ihnen zu sprechen, sie verstanden mich nicht. Nicht, daß ich ein so komplizierter Charakter wäre. Aber mit dir ist es etwas anderes. Als ich dich kennen lernte, war mein erster Gedanke: jeden Morgen eine Rose. Nicht um deine Aufmerksamkeit auf mich zu lenken – sondern ich fand es ganz selbstverständlich, natürlich eine Rose, nur eine Rose, was denn sonst? Ich könnte dir ja aus Berlin eine Goldsache oder irgend etwas kommen lassen – Aber das ist nicht das Richtige für dich.»

Freitag, 15. Februar 1918

Er schenkte mir wieder ein Buch. «Kannst du es nicht begreifen, daß es mir Freude macht?» Wir besahen die Bücher, die er für mich aus seiner Bibliothek aus Berlin hatte schicken lassen. «Wenn man dir zusieht, wie du mit diesen Büchern umgehst, wie schön sie in deinen Händen wirken, möchte man wünschen, daß du nur immer schöne Sachen in den Händen hältst.»

Sonntag, 17. Februar 1918

Ich holte ihn um 5 ab und wir gingen spazieren. Es war so windstill, so ruhig, so still.

«Gestern habe ich es ganz deutlich empfunden, von allen die da waren, bist du die einzige, die etwas vom Mann versteht. Ein Jahr in Berlin, etwas mehr Selbstverständlichkeit, und du bist die entzückendste, wundervollste Frau. Körperlich behalte ich immer meine fünf Sinne, aber seelisch – da kannst du machen, daß ich nicht mehr weiß, wo mein Kopf ist.»

Dienstag, 19. Februar 1918
Morgens zum Büro traf ich ihn, wir gingen zusammen – ich habe ihn schrecklich gern. Ich wollte meine Arme um ihn legen, ihm zu verstehen geben, wie sehr ich ihn liebe … – doch irgend etwas in mir ließ es nicht zu – ich tat es nicht. Nie war mir die Trennung so schwer gefallen wie heute, nie habe ich gewußt, wie unendlich, wie unbegreiflich ich ihn liebe. Und dann, auf dem Nachhauseweg tat ich, als ob alles verflogen sei, als ob – «Na und»? – Im Bett las ich den Brief, den er mir am Abend gegeben hatte. «Winterkind» und «Sommerkind» – «Du bist beides» – ich las, alles klang in mir nach, und – ich weinte – warum? Ich weiß es nicht – ich las es immer wieder, bis das Licht ausging. Ich hatte nur den einzigen Wunsch, ihm zu zeigen, wie unendlich ich ihn liebe … Ich war aus innerster Seele dankbar für diese große Liebe, und mit diesem Gefühl schlief ich ein.

Mittwoch, 27. Februar 1918
«Ich sage dir, Mätzchen, wenn ich eine Frau, die ich liebe, küsse – dann knie ich vor ihr – ich schäme mich bloß, es ihr zu sagen.» Ich saß unbeweglich da und ließ mich von seinen Worten wie von einer Woge umspülen – ich saß ruhig da – und wäre am liebsten aufgesprungen, hätte meine Arme um seinen Hals gelegt, hätte, wenn es in meiner Macht gelegen hätte, ihn zum glücklichsten Menschen unter der Sonne machen wollen, doch das andere «ich» in mir ließ es nicht zu, fesselte und knebelte mich …

Sonnabend, 2. März 1918

Ich sollte um 3 bei ihm sein und erschien erst um ½ 5. Ach, ich war so müde, ich wollte wenigstens eine Stunde mir gehören. Wir gingen spazieren, aber es war abscheulich kalt, wir kamen bald zurück. Wir setzten uns friedlich hin und plauderten, er erzählte von Büchern, bis, ich weiß nicht mehr wie, wir wieder auf das Thema kamen, an dem es schon oft zu scheitern drohte. «Mätzchen, du wirst mir doch nicht erzählen, daß du keinen Freund gehabt hast. Die Art, wie du von Männern und Frauen sprichst, ist nicht die eines Mädchens, sondern die einer kleinen Frau.»

«Ich habe nie einen Freund gehabt und werde auch nie einen haben!»

«Und ich? – Was bin ich?»

«*So* werde ich nie einen haben!»

«Ja, dann verstehe ich dich nicht, woher hast du das, das kann doch gar nicht sein! Und warum wirst du keinen Freund haben, sinkst du dadurch? Bist du die große Ausnahme?»

«Mögen andere tun, was sie wollen, mögen sie damit zurechtkommen – ich nicht, – ich werde das bleiben, was ich bin.»

Er sprach lange, beharrte aber auf seinem Standpunkt. Ich stand auf und wollte gehen. Ich war ganz ruhig, so ruhig wie selten, ich freute mich eigentlich, daß es diesen Abschluß bekommen hat.

«Gib mir den Schlüssel, ich will gehen!»

«Und warum?»

«Weil das das einzig Richtige ist, was ich tun kann. Ich hätte schon damals gehen sollen.»

«Und diese 6 Wochen? Was war das? Nichts? Spiel?»

«Gib mir den Schlüssel, ich will gehen, es geht eben nicht anders, also wozu?»

«Und diese 6 Wochen, wie sind die gegangen?»

«Weil du dich falschen Hoffnungen hingegeben hast!»

Da loderte er auf: «Sag dieses Wort nicht noch einmal – gut, du sagst nein, bleib bei deinem Standpunkt – es ist kein Grund auseinanderzulaufen.»

«Nicht zu laufen, zu gehen.»

«Und was ist dann, wenn du wegläufst – du wirst zu Hause heulen, und ich – ich werde eine Zigarre rauchen, noch eine Zigarre rauchen – und was ist dann? Ich würde dich gehen lassen, wenn ich nur das wollte, aber ich liebe dich, so irrsinnig, daß ich 24 Stunden am Tage keinen anderen Gedanken habe als dich. Ich sage dir: bleib! – Wenn diese 6 Wochen Komödie waren, dann geh. Wenn ich nur das gewollt hätte, dann hätte ich das nicht gesagt und nicht geschrieben, oder meinst du, ich hätte es Schwarzkopf oder jeder anderen Pute geschrieben? Wenn du das denkst – dann tust du mir leid!»

«Gib mir den Schlüssel, laß mich gehen, es ist das einzig Richtige.»

Wir sahen uns an – keiner senkte den Blick vor dem anderen.

«Was weißt du, was das Richtige ist? Du machst das Hübscheste, was es zwischen Mann und Frau gibt, entzwei – und was erreichst du damit, wenn du gehst? Du fügst zu einer Qual noch eine größere hinzu. – Besser so, ohne das, als gar nicht …»

Er streckte mir die Hand hin – Ich schlug nicht ein.

«Ist das ein Grund, böse zu werden, auseinanderzulaufen, wenn dich jemand begehrt? Ich darf nicht hinüber übers Ufer – gut – aber ich darf doch hinübersehen. Bleib – so wie du bist –»

Ich schlug nicht ein.

«Ich habe mich vor dir entblößt, ich habe meine Weste aufgemacht, wie ich es vor keinem getan habe und tue – und du wirfst mit nassen Scheuerlappen.»

Er streckte mir die Hand hin: «Mehr als dreimal kann ich es nicht.»

Ich stand da und regte mich nicht. Seine Hand fing an zu zittern. Es war eine Entscheidung: entweder – oder. Ich drehte mich fort, stand mit dem Rücken zu ihm. Ich wollte mich an seinen Hals werfen – ich konnte es nicht. Er trat einen Schritt näher, ich ging, ohne ihn anzusehen auch einen Schritt näher und – war in seinen Armen...

«Noch nie habe ich mit jemand so zusammengepaßt – war ich so verstanden, wie von dir – in tausend Dingen sagst du grün, wo ich blau sage – aber wenn es zum Klappen kommt – dann klappt es –»

Nach dem Abendbrot spielte er Guitarre. Ich habe es bis heute nicht gewußt, wie unsäglich ich ihn liebe – – –

Mittwoch, 6. März 1918

Wir saßen wieder zusammen auf dem Sofa. Ich sprach kein Wort und ließ mich von seinen Worten wie von Wellen umspülen.

«Wenn *das* auch wäre – so wäre es zwischen uns, wie es zwischen Mann und Frau sein soll. Denn vorher stehen sie sich nicht ganz wahr gegenüber ... Ich fühle mich nicht wohl, weil ich nicht weiß, daß es dir vorkommt, wie wenn ein Nüchterner in eine Gesellschaft leicht Angetrunkener kommt. Ist

Schr. deshalb eine Verbrecherin? – Ich weiß genau die Grenze zu ziehen zwischen Liebe und dem Körper. Ich wünschte, es wäre nur der Körper. Du hast einen so sicheren und scharfen Instinkt, daß ich ganz betroffen bin, denn das habe ich bis jetzt noch nicht erlebt, das war der Grund, warum ich zweifelte, dieses schnelle Erfassen der Dinge – jetzt weiß ich und glaube dir. Mätzchen, du hast dreimal, ich mag darüber nicht reden, weil es mir teuer ist – durch eine Geste, eine Bewegung dich mir so hingegeben, daß ich dich hätte ins Fleisch beißen können. – Wenn ich mit dir zusammen bin – dann droht es mir immer, daß ich meine Besinnung verliere – ich weiß motorisch nichts als dich! Und es ist nicht körperlich. Heute Morgen habe ich die ganze Zeit nichts anderes gedacht als dich – wie du aussahst, was du sagtest …»

Freitag, 8. März 1918

Und wieder war ich um 7 bei ihm, wir saßen auf dem Sofa und er sprach: «Der Boden gleitet mir unter den Füßen fort. Ich habe dich so wahnsinnig lieb, weil ich weiß, daß jedes Wort, das ich zu dir sage, verstanden wird. Es gibt wenig Frauen – hier in Autz keine, und in Berlin wenige – zu denen man sagen kann: ich liebe dich. Wenn ich dich ansehe, tue ich es nicht, weil du die Schönste bist, sondern weil ich nie vergessen will, wie du aussiehst. Wenn du von mir fortlaufen würdest, so sei gewiß, daß es für mich hier in Autz keine Frau geben würde, und in Berlin in absehbarer Zeit auch keine. Du bist nicht ein vorübergehendes Parfum, du bist nicht ein Abenteuer. ein Erlebnis, du bleibst – oder glaubst du, ich hätte mein Herzblut gestohlen? Sieh mir in die Augen, sag: Wem gehörst du? – –»

Paßfoto, 1924.
Auf der Rückseite eine Widmung für Mary Gerold:
«Muksch – fett – verdrießlich – aber doch. – N»

Ich sah ihn nicht an. Ich preßte ihn an mich – «… und soll ich den Satz beenden? – Ich Dir – Sei nicht nur meine Freundin, sei auch meine Geliebte.»

Ich sah ihn an. Meine Augen sagten nein. Seine Augen weiteten sich, wurden starr, groß, schwarz – doch ich fürchtete mich nicht. «Nicht das Gouvernantengesicht, das ist begraben, das Matzgesicht. Kann eine Liebe nicht stärker sein als alle Bedenken?»

Montag, 11. März 1918

Was soll ich noch schreiben? Meine Worte sind erschöpft. Ich war bei ihm. – Das ist alles, was ich sagen kann. –

Dienstag, 12. März 1918

Warum soll ich ihn nicht lieben? – Ich glaube nicht, daß mir je wieder ein Mann wie er begegnen wird, so durch und durch sauber.

Mittwoch, 13. März 1918

Ich habe solche Sehnsucht nach ihm, ich möchte bei ihm sein. Abends gehe ich zuerst nach Hause und dann zu ihm. Er ist so feierlich, ruhig und still, wie ich ihn gar nicht kenne …

«Mätzchen, ich kann nicht mehr, ich kapituliere. Ich komme nicht in die Kassenverwaltung – ich will dich nicht sehen, ich kann dich nicht sehen, ich begrüße dich nicht auf dem Marktplatz – weil es mich schmerzt, weil ich die Widersinnigkeit unserer Lage und unserer Verhältnisse sehe –

wir stehlen uns 2–3 Stunden am Tage und sind 21 Stunden getrennt, wo es umgekehrt sein müßte … Ich kann nichts denken, als: sie! Ich kann mit keinem über dich sprechen – nur ein einziges Mal habe ich so geliebt, du kannst das nicht ganz fassen, nicht ganz verstehen, was das für einen Mann heißen will. – Wir wissen nicht, was morgen ist, wir wissen nicht, wo wir übermorgen sind. Es ist schade um jede Minute, die ungenutzt verstreicht, Mätzchen, es ist Wahnsinn! – Es war in der vorigen Woche, du gingst irgendwohin zum Besuch – es war kurz vor 7 Uhr. Ich war oben beim Alten gewesen und ich hatte den Wunsch: möchte sie doch jetzt nicht kommen – und ich sah dich auch nicht …»

Ich war ganz still und traurig. Er tat mir unsäglich leid – ich schmiegte mich nur fester an ihn.

Sonntag, 17. März 1918

Und dann gingen wir ein Stückchen spazieren. Ich sah ihn nicht an, aber von unseren Herzen spannten sich Fäden von einem zum anderen. Ich sah ihn nicht an, ich hätte ihm sagen mögen, wie sehr ich ihn liebe. Ich tat es nicht.

Donnerstag, 21. März 1918

Um 7 war ich bei ihm. Plötzlich fiel ihm etwas ein, was er noch zu erledigen hatte. –

Und dann kam er und war so erregt. «Warum belügst du mich?» Es war mir wie ein Schlag ins Gesicht. «Warum lügst du mir vor, du habest noch keinen Freund gehabt?» – Ich wollte aufspringen und gehen – er hielt mich fest. «Der Mann, die Sache – ist mir ganz gleichgültig – zwei

Tage kann ich nichts anderes denken, als: Warum belügt sie dich? Ich habe dich bis jetzt nicht gefragt – jetzt frage ich dich, weil ich dich liebe. – Gut, sage ich mir, das kann dein Blut, dein Instinkt sein, daß du wie eine Frau bist – also? Wie erklärst du das?»

«Ich weiß nicht –»

«Aber das ist ja so, als ob ich dich in der Nacht in einer fremden Wohnung mit einem Dietrich treffe – und du sagst mir – ‹ich weiß nicht›. Sag die Wahrheit, ich bin gegen dich bis jetzt immer wahr gewesen – sag die Wahrheit, oder sag gar nichts – ich werde dir die Hand küssen – warum belügst du mich?»

«Warum sollte ich lügen? Warum? – Ich würde es sagen, ich habe nichts zu sagen, überzeugen kann ich dich nicht, und – will ich auch nicht.»

«Ja, warum, welchen Zweck verfolgst du damit, das frage ich mich auch. Es kann so nicht zwischen uns sein. Sag mir die Wahrheit. Wenn ich dir Unrecht getan habe, will ich dich um Verzeihung bitten, das einzige Mal, daß ich es täte. Aber ich will keine Lüge zwischen uns haben.»

Er streckte mir die Hand hin – ich schlug ein. «Ich glaube dir, weil ich dich liebe. Verzeih!» – Und wir wurden beide weich – und ich fing an zu heulen. «Weinst du?» – «Du glaubst mir ja doch nicht, du hast mir vom ersten Tag an nicht geglaubt.»

«Hast du die Wahrheit gesagt?» – Er hielt mir noch einmal die Hand hin – ich schlug ein und unsere Blicke senkten sich ineinander, forschend – ob er noch mißtrauisch ist und ob ich die Wahrheit gesagt habe.

«Sag, wem gehörst du?»

«Ich weiß nicht ...»

«Dir oder mir?»

Ich zuckte die Achseln. «Dir, mit deinen vorhergegangenen Erlebnissen und Erinnerungen, oder mir?»

«Dir!», rang es sich mir kaum hörbar von den Lippen – und wir fanden uns in einer wilden Umarmung … Die Uhr war ½ 9. Wir aßen Abendbrot, und dann mußte ich gehen. Ich wollte mich nicht von ihm losreißen, ich wollte nicht. Ich wollte bleiben, möge alles über mir zusammenschlagen, ich wollte alles um mich her vergessen – aber ich mußte gehen …

Sonntag, 24. März 1918

Ich hatte Dienst. Bis 3 Uhr war es sehr nett – ich hatte viel Besuch und wir standen an der Tür und hörten der Platzmusik zu. Dann kam er herüber und leistete mir bis 6 Gesellschaft.

Er zog seinen Ring vom Finger und steckte ihn mir an, und nahm meinen dafür und steckte ihn sich an den Finger. (Übrigens war sein Ring der Ring seines Vaters, an dem er sehr hing.)

Als wir uns, ich weiß nicht zum wievielten Mal heute umarmten und küßten, sagte er: «Mätzchen, von dir geht man nicht weg, nur wenn man muß!»

Abends waren wir bei Meyer mit Ratsch und Kohls und mehreren anderen. Es war nach einem Tanz, ich war sehr müde. Ich saß auf der Chaiselongue neben ihm, und in Gedanken drehte ich am Ring, streifte ihn vom Finger und spielte mit ihm.

«Sitzt er so lose?», fragte er.

«Ja», sagte ich, aus Widerspruchsgeist – eher beiße ich mir die Zunge ab als zugeben, wie es wirklich in mir ausschaut, immer ja sagen, wenn der andere nein hören möchte, schwarz malen, wenn der andere weiß malt …

Dienstag, 26. März 1918

Ich war bei ihm bis 10. Ich hatte mein Buch mitgebracht und wollte lesen, es wurde natürlich nichts draus.

«Ich wüßte schon, was ich mit dir machte, wenn wir in Berlin wären. Ich packte dich auf die Bahn und führe mit dir weg, erst kommen wir, erst müßte ich dich in Ruhe genießen, so vier Wochen lang, dann könnten wir wieder unter Menschen gehen. Erst kommen wir, dann kommt eine Weile gar nichts – und dann erst kommen die anderen.»

Mittwoch, 27. März 1918

Um 7 tobte ich zu ihm. Ich war todmüde. Nachdem wir uns einiges erzählt hatten, setzten wir uns aufs Sofa, schmiegten uns aneinander und – schwiegen. Was sollten wir reden? Das Schweigen war beredter …

Es war schon 9 – ich mußte gehen. Wie ich vor dem Spiegel stehe und meinen Hut aufsetze, tut er einen Ausruf, ich drehe mich um, er zeigt mir seine Hand: der kleine Finger ist von meinem Ring aufgeritzt – und blutet …, ich sehe den Finger an und dann ihn – der Tisch steht zwischen uns, beide haben wir uns auf ihn gestützt, vornübergebeugt, und sehen uns an … und mit einem Ruck liege ich in seinen Armen …

«Wirst du es vergessen? – Ich nicht!»

Dann rafften wir uns auf, und beide taten wir, als ob wir nicht verstanden hätten, was das zu bedeuten hat …

Es sind so unsäglich glückliche Stunden, die er mir geschenkt hat, ich bin für Stunden glücklich gewesen, ich habe mit ganzer Seele lieben gelernt …

Freitag, 5. April 1918
Wie wird mein Leben verlaufen? Was steht mir noch alles bevor? Er erzieht mich!

Montag, 15. April 1918
Er mich heiraten? Nein. Ich wäre ihm ein Hindernis, er könnte das nicht schaffen, was er allein schaffen wird, ich würde seinem Flug hinderlich sein. Ich bin zu klein, zu arm, zu gering.

Mittwoch, 17. April 1918
Heute sollte ein Vizefeldwebel im Zahlmeisterkasino begossen werden. Nur Dickerchen war sehr still und ernst. Ich habe mich nach Herzenslust ausgetanzt. Als ich ganz erschöpft auf meinen Stuhl sank, sagte er: «Daß du ganz unmoralische Eigenschaften hast, habe ich dir schon gesagt, aber tanzen kannst du …» Und minutenlang vergaßen wir alles um uns herum – unsere Blicke brannten ineinander. Mir war es erbärmlich zu Mut – und dir, dir wird es gar nicht leid tun? War es nur ein Scherz? Ein Spiel? Ein netter Zeitvertreib? – Ach nein, ich tue ihm Unrecht. Er hat mich lieb …

Die anderen tanzten, wir saßen im anderen Raum, und wieder gruben sich unsere Augen ineinander, es stieg eine

Glut auf, die alle Fesseln zu sprengen drohte ... und zugleich lag in der Luft ein unsagbares Weh. Mit einem Ruck sprang er auf, wir tanzten, tanzten in eine Ecke, unbeobachtet, und küßten uns. Dann saßen wir alle an einem Tisch und das Licht ging aus. Ich streichelte seine Hand, kaum daß ich sie berührte, ich legte sie mir an die Wange – ich dachte an nichts, ich war ihm gut, ich hatte ihn unsagbar lieb ...

Donnerstag, 18. April 1918

Wie wird das enden? Wahrscheinlich wird es plötzlich abgeschnitten sein über Nacht, und keiner weiß wo, wie, warum. Nun dauert es den 4. Monat.

Freitag, 19. April 1918

Es ist 11 Uhr vormittags. Da kommt er plötzlich herein. Steht da, sagt kein Wort ...

«Ich möchte dich bitten, dich Sonnabend und Sonntag mir ganz zu widmen.» –

«Warum?» –

«Du weißt schon!»

Ich sah ihn an – und wußte es ...

«Ich war eben bei Hartmann, auf 4, nein 5 Tage habe ich es aufgeschoben ...»

Er ging. Ich zitterte. Doch ich beherrschte mich, biß die Zähne zusammen, schluckte die Tränen herunter. Keiner soll wissen, wie es in mir ausschaut – keiner. Mögen sie mich für kalt, herzlos halten, alles, alles, was sie wollen, was geht mich das an? Es ist leichter, sich in Schmerzensausbrüchen zu ergehen – als es zu verbeißen. Ich will nicht bemitleidet werden, ich will nicht, daß man mich zu trösten versucht, mich behandelt wie eine Kranke – nur das nicht! Ich werde lachen, wenn mein Ich auch zu einer Grimasse verzerrt wird. Keiner soll es wissen. – Keiner.

Ich danke dir, was du mir gabst, was du aus mir gemacht. Es soll nicht sein. – Gut. –

Zeit, lindere meinen Schmerz, gib mir Kraft und meine Ruhe wieder! Er holte mich mittags zum Spaziergang ab.

«Was hat Er nur? Er ist so still, so dumm?»

«Gar nichts! – Was soll ich haben?»

«Er ist so fremd, sechs Meter weit.»

Es fing an zu regnen, wir flüchteten in eine Scheune. Nach einer Weile klärte es sich wieder auf, wir gingen weiter, trafen M. zu Pferde, sprachen ein paar Worte mit ihm. «Jetzt ist der Matz wieder da!» – Und wir gingen und er erging sich in Nachahmungen meiner Gutturallaute. Plötzlich: «Jetzt gehe ich zum Kardinalpunkt über: wird Er mir schreiben?» – «Nein!» – «Was?» – er blieb stehen, «willst du mir das nicht näher erklären?» – «Wozu?» – «Das wußte ich, daß das kommen würde – wozu? – weil mir das ein Herzensbedürfnis ist – darf ich Ihm auch nicht schreiben?»

Ich schüttelte den Kopf. Wir waren beide aufgeregt.

«Warum nicht? Also Dienstag darf ich dir noch die Hand streicheln, darf dich küssen – und Donnerstag kennen wir uns nicht mehr? – Ja was war denn das zwischen uns? Eine nette kleine Abwechslung? Ich kann auch so, doch du bist mir zu wertvoll dazu. Ein Spiel, das man morgen vergessen hat?»

Ich gehe – ich will später wiederkommen. Unschlüssig, ob den Weg zur Kirche oder den nach Hause zu nehmen, gehe ich schließlich nach Hause. Ich gehe langsam. Da höre ich plötzlich wieder seine Stimme. Er kommt mir nach. «Guten Abend, wohin gehst du?»

«Nach Hause.»

«Und wolltest nicht mehr zurückkommen?»

«Ja, ich wollte zurückkommen!»

Ich ging ins Heim, er wartete, und dann machten wir eine Runde und gingen zu ihm. Er sah mich an. Ich sah zur untergehenden Sonne. «Nun, hast du es dir überlegt?» Ich antwortete nichts. «Meinst du, ich kann dich noch 64-mal fragen? – dadurch, daß du ablehnst zu schreiben, ziehst du die ganze Sache in den Dreck und überläßt es mir, meine Schlüsse zu ziehen, die ich mir ziehen muß. – Irgendjemand kannst du schreiben, mir nicht!»

«Ja ... irgendjemand, ja.»

«Ja, findest du es nicht der Mühe wert zu schreiben?»

«Nein, das nicht ...»

«Ja, also was soll es dann?»

Wir waren angekommen. Ich ging durch die Hoftür hinein. Er sprach noch mit Lunk. Ich stand da, zog meine Jacke nicht aus. Er kam herein.

«Wirst du nicht so freundlich sein und ablegen?»

Ich zog meine Jacke aus – sah ihn nicht an und ging zum Ofen. Da packte er mich ... «Warum quälst du uns beide, es ist schon schwer genug. Meinst du, daß ich dich aufwühlen würde mit meinen Briefen, ich werde das gar nicht schreiben, denn es würde mich auch zu sehr aufwühlen.» Erlösende Tränen rannen mir über die Wangen.

«Mätzchen, du wirst es noch sehr schwer haben durch deine übergroße Zurückhaltung.» Ich schluckte mit Mühe meine Tränen herunter. «Du frißt alles in dich hinein, damit der andere nur ja nichts davon merkt – davor braucht man sich doch nicht zu schämen – ich bin sicher, daß du mir nur den 20. Teil deiner Empfindungen gezeigt hast. – Mätzchen, wirst du schreiben?» Ich küßte ihn.

Wir saßen auf dem Sofa, die Tränen rannen mir über die Wangen. «Mätzchen, Liebe kann aufhören, aber Freundschaft nicht, so wie sie bei uns ist – es gibt Frauen, die vergißt man total – und solche, bei denen man noch nach Jahren ein dumpfes Gefühl hat. Mätzchen, wenn ich dich nach Jahren wiedersehe, wie du dich auch verändert haben solltest, ich werde dich doch wiedererkennen, und wenn ich ein 90-jähriger Greis bin, so werde ich doch immer wissen, wie lieb ich dich gehabt. – Du Affe … Du wirst noch Männer nach mir lieben, und sie werden dich lieben, es ist möglich, daß sie dich verstehen werden – aber Mätzchen, einmal haben ein Mann und eine Frau lückenlos zueinandergepaßt – und das kommt so selten, so überaus selten vor. Mätzchen, wenn du mir schon nicht treu bleiben wirst, bleib *dir* treu …» Ich hatte ihn rasend lieb. «Du hast einen Mann für eine Zeit für Frauen unbrauchbar gemacht – Herrgott, eine Brust, das hat eine jede – aber es singt nicht.» Wir saßen still nebeneinander – es war eine beseligende Stille.

Sonntag, 21. April 1918

Es nagte mir doch sehr am Herzen – Trennung … Er kam. Ich glaube, es ging ihm ebenso. Er sah mich an, meine Augen, meine Haare – es lag in der Luft: der Schmerz …

Und abends bei ihm. «Wenn ich 22 Jahre wäre, hätte ich es nicht gewagt – nicht, daß ich mich jetzt abgeklärt fühle, das nicht – aber Matz, wenn ich dich schon nicht haben kann, so soll dich einer haben, der deiner wert ist, du kannst die höchsten Ansprüche stellen und sollst es auch. Ich würde mit den Zähnen knirschen, wenn es einer wäre, der dich nicht verdient. Du wirst wieder lachen, dich amüsieren, küssen – ich wünschte nicht, daß du das in Autz tust – Matz, dich werde ich nie vergessen, das kann man nicht, ich schleppe mich mit der Erinnerung an eine Frau, die ich kannte und noch kenne, 6 Jahre herum – vielleicht soll ich nicht so sprechen, dir macht es keinen Abbruch, du bist die zweite.»

Ich kam ins Heim, nur keinen sehen! – – – Ist es diese Frau, die uns im Wege steht?

Dienstag, 23. April 1918

Im Wald lagerten wir uns wieder auf unserem alten Platz. «Dicker, du weißt, daß ich immer offen mit dir gesprochen habe, da ich dir nie etwas versprochen habe, denn dazu bin ich nicht genug gewissenlos, ich will dich in keiner Weise binden, aber wenn ich es nicht sein kann, so soll es einer sein, der deiner wert ist, du sollst die höchsten Ansprüche stellen, du sollst sie so hoch schrauben, daß du platzt. Denn du weißt nicht, was du geben kannst, aber ich möchte dich etwas fragen. Ich weiß ja nicht, was werden wird, ob ich mit heilen Knochen aus diesem Kriege komme, ich weiß nicht, wie meine Zukunft sein wird, sehr viel Geld habe ich während des Krieges verbraucht, was glaubst du wohl, wenn du nun nicht 40 Paar seidene Unterhosen forderst, denn so viel kann ich dir nicht geben, aber wenn du mit zweien zufrieden wärst – oder willst du den Herzog von Kurland heiraten?»

«Ja, den Herzog von Kurland! – Quatsch, was soll ich antworten, das kann nicht sein.»

«Und warum nicht, ist das alles Unsinn? Ganz unmöglich, oder hast du dich jemand versprochen?»

«Nein.»

«Also was ist?»

«Er ist der geborene Junggeselle.»

«Wenn dieser Junggeselle aber eine Junggesellin gefunden hat, die zu ihm paßt, du Affe, was dann? Nun sag doch ja oder nein, ich will dich dadurch nicht binden, wenn du mir nach einem halben Jahr schreibst, hör mal, ich will nicht so lange auf dich warten – ich werde gar nicht entrüstet darüber sein. Also antworte.»

Dicker, was soll ich antworten. Er hat mich nie gefragt, was fragt er mich plötzlich... Ach Dicker, ich weiß nichts zu sagen, Er muß es doch wissen, was ist Ihm an zwei Buchstaben gelegen.

«Nun, so sage es mir ins Ohr.» Ich prustete was hinein, und nach langem Quetschen und Drücken kam ein i-a zustande. Aber ich hätte ihm alle meine Bedenken mitteilen sollen. Wenn er schon heiratet, so soll es eine schöne, kluge, reiche Frau sein, und das bin ich alles nicht. Er sagt, er will sich in Bukarest einen guten Posten verschaffen und viel, viel Geld verdienen.

Mittwoch, 24. April 1918

Am Vormittag trat ich die Erbschaft an: sein Bett, Waschtisch, Spiegel. Unser Zimmer sieht jetzt sehr nobel aus. Mittags holte ich ihn ab. Wieder gingen wir in unser Wäldchen. Wir lagerten uns – keiner sprach ein Wort – beide heulten wir.

Dann war der Zug da. Er stieg ein, und ich ging den

Bahnsteig entlang. Als ich zurückkam, war Meyer da. Da setzte sich der Zug ganz leise in Bewegung. Wir sahen uns das letzte Mal an... unsere Augen waren von Tränen verdunkelt. Eine Hand winkte aus dem Fenster, ich winkte zurück, immer undeutlicher wurde die Hand – und dann war alles grau... Zu Hause schloß ich mich ein, warf mich aufs Bett, und vom Weinen müde geworden wie ein Kind schlief ich ein.

Die Uhr war 8, als ich aufwachte. Das Kissen war ganz naß. Ich war etwas ruhiger geworden, räumte mein Zimmer auf und schrieb im Bett an ihn und dachte an ihn.

Als er mir zum ersten Mal sagte, daß er wegmuß, und mich fragte, was es zwischen uns war: Ernst oder Spaß – ging er daraufhin zum Adjutanten und erklärte, daß man ihn abkommandieren solle: er hatte ein Ziel im Auge, das er hier nicht erreichen kann.

***

Wir sind also Zuschauer eines Zweipersonenstücks, eines Dramas, das eines Tages zur Tragödie werden soll. Winzige Anklänge – «Leid ist der Liebe Lohn»; «Vielleicht bereue ich noch einmal» – finden sich ja schon in Marys frühen Tagebüchern. Es gibt aber auch jene kleinen Botschaften, die man aus jedem Liebes-Dramolett kennt, eine Art Widmungs-Blinzeln in heimlich zugesteckten Büchern, etwa in einem Band von Busson-Erzählungen das Zitat: «‹Je suis mort de l'amour› ... von einem, dem's geschah – für sein Meli.» Oder in dem Doré-Bildband, der erhalten blieb, die

Cupido-Anspielung: «Es gibt einen Kleinen – man bildet ihn gewöhnlich mit Pfeil und Köcher ab – der kennt keine Grenzpfähle. Er langt herüber und tut die zusammen, die zusammen gehören, ganz gleich, welche Couleuren ihre Badetricots haben.»

Hatte Cupido die beiden Menschen schon zusammengetan, gehörten sie einander bereits? Die Widmung ist datiert vom 8. August 1918.

Am 25. Januar 1918 bereits geht ein kurzes Billett an die «Liebe Blonde» per «Du», unterschrieben «K.» Wenn aber der exakte Tag – die Nacht? – nicht nachweisbar ist, so ist die drängender werdende Werbung es durchaus. In einem so nachdenklichen wie die Fangarme ausstreckenden Brief Tucholskys vom 16. Januar 1918 heißt es: «Es ist eine Frage der Zeit, wann zwischen Menschen, die sich schätzen – Freunde, Geliebte, Liebende – wann zwischen ihnen der Schleier fällt. Man wird ihn immer wieder aufheben (also nicht auf der Straße zärtlich sein), aber der Mensch kann dem andern nicht im Zylinderhut nahetreten. Den setzt er unterdessen ab. Nun – man kann trotzdem in der Sache selbst beim ‹Nein› verharren – aus tausend Gründen. (Weil man den nicht mag. Weil man Angst hat. Weil man nicht weiß, was auf dem anderen Ufer blüht. Weil man einen andern hat. Oder auch aus einer Caprice heraus.) Aber man darf dem Mond nicht böse sein, daß er scheint. Das ist – gewissermaßen – sein Beruf. Und hat eine Frau nicht auch einen – Beruf?»

Und wenig später (am 25. Februar 1918) klingt schon Gewißheit an: «Das Eigentliche für den Großstadtmenschen, das ist: dieses Sichverfressen in eine Frau, dieser Drang, ganz in sie hineinzukriechen, sie ganz zu haben (also viel mehr als nur ihren Körper), ganz, ganz, ganz auszukosten, was die Stunde bietet und der Tag und auch die Nacht. Es ist aber schön, wenn man einer begegnet, die ebenso fühlt – ich streiche ihr über die Hand und weiß, was sie denkt; ich höre ihr Herz klopfen und weiß: es ist meins, das da schlägt. – t.»

Da die darauffolgenden Texte – ob Gedichte oder Briefe – bereits mit «Liebes Matzlein» überschrieben sind oder mit einem «Liebe Mély, ich habe Dich sehr lieb. Mit sieben Küssen – Dein Nungo» unterschrieben werden: dürfen wir mit Sicherheit annehmen, daß eine Liebe Gestalt angenommen hat; vulgo: vollzogen wurde im Frühjahr 1918. Letzte Gewißheit gibt es nicht. Es war ja noch nicht unsere Zeit, in der eine 13jährige für ihr Neugeborenes drei verschiedene als Väter in Betracht kommende Knaben zwischen 11 und 14 Jahren benennt. Es war eine Zeit der Zartheit und des Zögerns, der Zurückhaltung wie des Drängens zugleich. Doch man spürt förmlich den Abdruck eines Siegels in jenem Brief Tucholskys vom 6. Mai 1918, der bereits aus Berlin kommt, wo er die Chefredaktion des «Ulk», der satirischen Wochenbeilage des «Berliner Tageblatt» übernommen hat: «[...] Wie man ja denn von einer Frau meist gar nicht das verlangt, was Frauen immer am wertvollsten an sich dünken: die Nacht – sondern vor allem den Tag. Ich will mich mit der ganzen Welt herumhauen – aber ich will wissen, wofür, und daß mir abends eine die Hände über die Augen legt und sagt – aber sie braucht nichts zu sagen. Wenn sie nur da ist. [...] Liebe kleine Mély, Liebende, die sich eeewige Treue schwören, sind eine etwas lächerliche Angelegenheit. Denn die Zeit ist mächtiger als man ahnt. Aber wenn nicht alles täuscht: wollen wir dabei bleiben, zusammenzugehören? Ich meine ja. Weißt Du ‹jedem Untertan in'n Schoß, Du› hast dann immer gelacht, und es war ja auch zum Lachen. Aber so ganz zu Hause, so ganz geborgen fühle ich mich bloß da – es wäre – sehr vorsichtig ausgedrückt – wohl für beide kein Schade, wenn es sich verwirklichen ließe. Es: das ist immer zusammen zu sein.

Die halbblind geküßten Augen sehen wieder klar – gib Deine Fingerspitzen her, na! gib sie her, sie schmecken doch nicht nach Mockstrich, gib sie her und denk dran, daß einer da ist, der immer wieder zu Dir zurückfindet, wenn er sich mit den andern genug gelangweilt hat.

Einen leisen langen Kuß, kleine Mély,

von Seinem Nungo»

Doch Siegel können rasch erkalten, gar brechen. Da nennen sich zwei nun Mély und Nungo. Aber er lebt in Berlin, sie wieder bei der Mutter in Riga. Bald wird Tucholsky sie nur noch, bis zu seinem Lebensende, per «Er» anreden. Noch als Soldat – im Mai 1918 – läßt Tucholsky sich auf einen offenbar günstigeren Posten zur Zentralpolizeistelle Bukarest versetzen, einen Monat zuvor war er auf Urlaub in Berlin, wo er seine Verlobung mit Kitty Frankfurter löst; von der Mary Gerold offensichtlich nichts wußte. Im Gegenteil «Ludolf ist unser Kind» hieß es, und im Brief von Kurt Tucholsky vom 8. Februar 1918 wird über den ungeborenen Sohn phantasiert: «Ich glaube, wir hauen dem kleinen Ludolf um 6 Uhr ordentlich die Kehrseite voll …» Mehr noch: Im September 1920 wird er in der «Weltbühne» ein Gedicht veröffentlichen, das Stürme der Entrüstung bei den Lesern auslöst:

Nr. 50 48. Jahrgang 12. Dezember 1919

ULK

Wochenbeilage zum Berliner Tageblatt

Nach den französischen Wahlen

Monsieur Chauvin: „Vive la brutalité, la schieberté et le portemonnaie!"

Titelseite des «Ulk»
vom 12. Dezember 1919

Auf ein Kind
Du lebst noch nicht.
Ich seh dich so lebendig:
ein kleiner gelber Schopf, die Augen blau;
ich seh dich an und such beständig
die Züge einer lieben Frau.

Du kreischst und jauchzt schon laut in deinen Kissen;
du bist so frisch und klar und erdenhaft.
Du brauchst es nicht wie ich zu wissen,
was Zwiespalt ist, der Leiden schafft.
[...]
Du sollst es sein!
Und kommst du einst zum Leben:
Du sollst es sein! Ich hab es nicht gekonnt.
Gieb du, was deiner Mutter Arme geben:
Leucht uns voran!
Du bist so blond.

Marys Notizen sind ja gerade gespickt mit mehr oder weniger deutlichen Versprechungen des Mannes für eine gemeinsame Zukunft, für ein gemeinsames Leben in Berlin. Doch kaum ist Tucholsky im November 1918 endgültig nach Berlin zurückgekehrt – als Chefredakteur des «Ulk», wie wir wissen, und mit seinen sensationellen «Militaria»-Artikeln wie dem programmatischen Ansatz «Wir Negativen» zum prominentesten Autor der «Weltbühne» avanciert –, da, aus diesem Berlin, von dem es so sehnsuchtsvoll hieß: «Wenn wir in Berlin wären» – kommen Warnungen. Schon früh zitierte Mary ihn ja in ihren Aufzeichnungen, wie glücklich er sei, «wenn du nicht da bist». Das wird eine

Art Leitmotiv dieser Beziehung. Schon im Oktober 1918 – noch aus Rumänien, Tucholsky ist jetzt Feldpolizeikommissar (also höherer Offizier) – schreibt er: «Ich rate Dir aber nicht, nach Deutschland zu gehen», und kurz darauf: «Wenn Du gescheit bist, dann gehst Du wieder zu Mama und wartest»; zwei Mal lautet in dem Brief die Anrede «Liebe Heilige». Das ist so ziemlich die entfernteste Entfernung, in die man eine Frau rücken kann, stärker noch als jenes «Er».

Wir werden Zeugen des großen Glücks, das schnurstracks in die große Katastrophe führt. Zwar ist Flauberts Satz: «Madame Bovary – c'est moi» bekannt wie Baudelaires Erläuterung: «Madame Bovary war immer ein Mann»; aber daß ein Schriftsteller sich eine – reale – Frau «anzueignen» versucht, indem er sie zum Mann macht: das ist einmalig in der Geschichte. Es liegt in Tucholskys Vermännlichung der angebeteten Mary bereits eingeborgen die Hoffnung auf Seligkeit wie zugleich das Gebet, die Beseligung möge fern bleiben. Immer wieder gehen Briefe der Sehnsucht aus Berlin – mit der dringenden Bitte, *nicht* nach Berlin zu kommen; was die vor der bolschewistischen Eroberung Rigas Geflohene aber vorhatte. Die Angst um ein Glück war in Tucholskys Gefühlshaushalt stärker als das Glück selbst: «Manchmal fühle ich mich Ihm ganz nahe – so heute nachmittag – wo Er warm war und dicht und wo ich Sein Herz schlagen hörte. Und dann kommen wieder Stunden, da schweigt Er. So tödlich und tief – und das macht verstummen. Sehe ich *Seinethalben* müde aus –? Ich habe keinen Herbst, keine Wagenfahrt, keine Boote, kein Wasser, kein Meer, keinen Himmel und keinen Schnee. Wovon sollte ich froh aussehen? Und das Herz voller Angst:

Die Weltbühne

Der Schaubühne XXII. Jahr

Wochenschrift für Politik · Kunst · Wirtschaft

Begründet von Siegfried Jacobsohn

Herausgeber: Kurt Tucholsky

Inhalt:

Erscheint jeden Dienstag

XXII. Jahrgang 7. Dezember 1926 Nummer 49

Versandort: Potsdam

Verlag der Weltbühne

Charlottenburg · Königsweg 33

Das erste Heft der «Weltbühne» unter Tucholskys Leitung, 7. Dezember 1926 ja, *darfst du denn überhaupt* einen anderen Menschen an deinen Jammer ketten, an dieses unerfüllte, halb gescheiterte, kaputt gemachte und deutsche Leben niederster Observanz? Und noch dazu eine, die so viel Wärme und Glätte brauchte, so viel Leichtigkeit und so viel geölte Scharniere ...! *Das* ist meine Angst. Daß Er manchmal vor Fremden wie ein Fremdkörper wirkt – das kann ich noch allenfalls begreifen. Aber daß Er ebensooft *vor mir* allein ist – das verstehe ich nicht. Ich weiß bestimmt, daß Er meine letzte Mädchenliebe ist – was danach kommen kann, dürfte sich in Spitzen, Hosen und Brüsten erschöpfen. Und vieles vielleicht im Alter diese vilain amour zu ‹kleinen Mädchen› – aber nie wieder so etwas. Nein, ich habe Furcht, genau vor demselben, vor dem ich damals, 1920, Furcht gehabt habe. Damals hätte ich drei Monate nur zu warten brauchen – dann wäre es gegangen. Heute ...?»

Wie eingespannt in eine perfekt konstruierte Zerstörungsmaschine zerhackt dieser Schriftsteller sein Sehnen in die zahllosen kleinen Stücke der Begehrlichkeit; statt des hoch sich wölbenden Horizonts der Erotik verplempert er sich in die raschen Abenteuer der Sexualität. Er ist nun ein gefeierter Autor, die Berliner Cabarets bedienen sich seiner schnell und vielfältig gelieferten Amüsierware; in der «Weltbühne» publiziert er so oft, daß er die berühmten «5 PS» (seine Pseudonyme) auf die Bretter dieser renommierten Bühne schickt; auf Demonstrationen unter dem Motto «Nie wieder Krieg» hält er so flammende antimilitaristische Reden, daß es zu Tumulten kommt, wie jene «Militaria»-Artikelserie im Januar 1919 schon einen wahren Leser-Aufruhr auslöste. Der Energie dieser publizistischen Feder entspricht die Potenz des Mannes: Kurt Tucholsky war Zeit seines Lebens von schier verblüffender sexueller Unersättlichkeit. Friedrich Holländer, Komponist vieler seiner Chansons (und später Komponist der berühmtesten Chansons von Marlene Dietrich), erzählte mir in einem Fernsehinterview, Tucholsky habe bei einem Fest in seiner Wohnung angesichts der vielen schönen Frauen an der Tür gelehnt und gesagt: «Ach, daß man sie nicht alle haben kann.» Das entspricht wörtlich einem Gedicht, zu Papier gebracht kurz nach seiner Heirat: «Daß man nicht alle haben kann –! / Das läßt sich zeitlich auch nicht machen … / […] Sei du die Welt für einen Mann … / weil er nicht alle haben kann.»

Alle wohl nicht. Aber viele. Tucholsky hat einmal das hübsche Bonmot geprägt, er würde eine jede Frau mit seiner Schreibmaschine betrügen. Es war wohl nicht immer nur die Schreibmaschine. Jedenfalls geschieht etwas Absurdes, wenn nicht gar Rätselhaftes. Nach eineinhalb Jahren der Trennung trifft Mary Gerold, entgegen allen Warnungen und vermutlich doch die vielen Lockungen und halben Versprechungen im Gedächtnis, in Berlin ein. Immerhin hatte er ihr im Oktober 1919 das gemacht, was man getrost Verheißungen nennen darf: «Ich will, daß es anständig und gepflegt hergeht, ich will einen vernünftig geführten Haushalt haben, in dem Ordnung ist und Klarheit und auskömmliche Mittel. […] Ich will und will nicht, daß Du herkommst, bevor ich nicht genau weiß, daß eine vernünftige Stütze in der weißen Schürze Dich in einer fertig eingerichteten Wohnung erwartet.» Es ist Januar 1920, Tucholsky ist ein vielgedruckter Autor, seine Chansons und Cabaret-Texte werden von Stars wie Gussy Holl (der späteren Frau von Emil Jannings) oder Paul Graetz vorgetragen, das berühmte «Schall und Rauch» – der Cabaret-Ableger der Reinhardt-Bühnen – kommt kaum noch ohne seine Arbeiten aus. Fraglos lebt Tucholsky weder einsam noch allein. Mary schreibt in ihrem Tagebuch am 5. Februar 1920 gleichsam sich selbst einen Brief; denn ihre Gedanken hat sie nicht mit Couvert und Adresse versehen: «Ich fühle ja selbst, daß es nicht das ist, was es war. Ich liebe Dich so verzehrend, wie Dich vielleicht bis jetzt noch nie eine Frau geliebt hat. Zwei Jahre warst Du mein einziger Gedanke, der Gedanke an Dich genügte, daß ich allem widerstand. Was mit mir werden soll – ich weiß es nicht. Wozu lebe ich, wozu bin ich auf der Welt, wenn ich keinen Nungo mehr habe. – Laß mich nicht ohne Dich frieren. Nungo, ich liebe Dich auch jetzt noch wie zuvor, aber ich kann mich nicht begnügen mit einem Teil Deiner selbst, ich will Dich ganz und Du sollst mich ganz haben, so ganz, daß es keinen anderen Gedanken als wir zwei geben soll. Ich will und ich muß stark sein: es hat so kommen sollen. –»

Was hat so kommen sollen? Tucholsky ist in Panik. Da ist nun die Frau, die er beschworen hat, der er so unendlich schöne, flirrende Briefe sehnsüchtiger Liebe geschrieben hat, mit tausend kleinen Gesten, Geschenken, Aufmerksamkeiten das Lasso seiner Betörung nach ihr ausgeworfen hat. Und nun ist die Beute eingefangen – und er kann ihrer nicht glücklich sein. «Ich will Dich ganz ...»: die Musik vertreibt ihn. Er zieht Unter den Linden den Hut vor ihr «wie vor einer Königin»; sie will aber nicht Königin sein, sondern Gefährtin. Teil von ihm. Er kann aber niemandes Teil sein, es widerläuft seinem ganzen inneren System. Er war verhext von der Idee einer großen Gemeinsamkeit. Jetzt ist es aber keine Idee mehr. Es ist Realität. Der Schopenhauer-Verehrer sieht Liebe als «Wille und Vorstellung». Ist sie greifbar, flüchtet er. Es ist das Fatum vieler Schriftsteller. Kafka verschließt die Tür von innen, ist seine Felice endlich gekommen; Benn schreibt fast rüde an Else Lasker-Schüler, er wolle niemandes «Lebsaum» sein; Rilke verfaßt ein seitenlanges «Testament», um der Klossowska zu erklären, daß er seine Einsamkeit nicht aufzugeben vermag. Schon 14 Tage nach der ersten Begegnung in Berlin muß Mary diese Zeilen lesen:

«Es ist etwas nicht in Ordnung zwischen uns beiden. Es ist irgend etwas wie tot – wie erstorben. Ich empfand es gar nicht, als Du ankamst – heute: mit jedem Tag stärker. Es ist, wie wenn wir aneinander vorbeilebten. Es kann nun sein, daß Dir mein ganzer Lebenszuschnitt an Niveau und Qualität nicht behagt. Das weiß ich nicht. Es kann sein, daß Du vielleicht doch und allerletzten Endes keine Literaten, sondern Offiziersnaturen um Dich brauchst, keine schwarzen, sondern blonde Menschen. Vielleicht behagt Dir das alles überhaupt nicht – – aber so geht das nicht. Es ist gar keine Verbindung mehr da. –

Ich schreibe Dir das heute – am Anfang – weil ich mich für verpflichtet halte, sofort mit Dir darüber zu sprechen, bevor irgend etwas festgebunden wird. Hast Du das Gefühl nicht –: dann habe ich mich geirrt. – Hast Du es aber, fühlst Du, daß dieser Komplex Berlin und ich Dir nicht zusagen, und daß es Dir alles zu klein ist –: dann sags. Nachher ists zu spät – und heute kann noch ohne Schaden repariert werden, was vielleicht allzu große Erwartung ersehnte. – Ich brauche nicht zu sagen, daß ich auch dann als Freund genommen werden möchte.

Nach der einen oder der anderen Seite muß aber etwas geschehen – dies ist meine Einstellung. – K.»

Es folgen kurz aufeinander ähnliche Briefe, oft energische Distanzvermessungen eher als Suche nach Neubeginn: «Es ist irgend etwas zwischen uns, was vielleicht wirklich in der völligen Verschiedenheit zweier Naturen begründet liegt. Du bist da kalt, wo ich glühe – und Du bist da entflammt – soweit Du das sein kannst – wo ich eiskalt bin. Wohin soll das gehen? Es fängt bei äußeren Dingen an und hört bei den erotischen auf.

Ich habe Dich viel zu genau kennen gelernt, um nicht zu wissen, daß Du dies richtig auffassen wirst, um nicht vielleicht, wie Du schreibst, ‹eine gute Erinnerung› zu bewahren. Aber ich halte Dich trotz allem zu hoch, um Dir das zu verschweigen. Ich kann das nicht. Ich bin irgendwie ganz allein – und das geht nicht.

Du wirst (leider) von meinem selbstverständlichen Anerbieten, Dir auch weiterhin in Berlin zur Seite zu stehen, kaum Gebrauch machen, weil ein – falscher – Stolz es Dir verbietet. Wenn es je – heute oder *morgen* oder in einem Jahr – nötig ist, daß Du einen Freund brauchst, dann denk an mich.

Mit tiefem Dank für zwei Jahre –

Kurt»

Dieser Brief ist nicht mehr mit dem vertrauten «Nungo» unterschrieben, sondern kühl mit ‹Kurt›. Dann folgt der Abschied: «Was es ist, weiß ich nicht. Ich habe Dich – oder was sonst? – zwei Jahre hindurch geliebt, wie man nur jemanden lieben kann – und was geht nun hier vor? Es ist, wie wenn eine Glaswand zwischen uns ist – und ich kann sie nicht brechen. Ich habe mich frei und offen mit Dir unterhalten, wenn ich abends im vorigen Winter an der

Schreibmaschine saß – als Du gar nicht da warst – ich tue es mündlich zwar heute noch – aber ich weiß nicht, was es ist, das sich mir dabei auf die Brust legt. – Es ist irgend etwas nicht in Ordnung.

Was es ist, weiß ich nicht. Ich stehe vor einem Rätsel. Ich sehe hier nun gar keinen Ausweg.»

Doch ich habe bei jenem Gedicht Tucholskys «Daß man nicht alle haben kann ...» die Heirat erwähnt. Aber Heirat? Was für eine Heirat? Nicht mit Mary Gerold. Tucholsky schickt das Glück fort. Und heiratet im Mai 1920 die inzwischen approbierte Ärztin Else Weil, jene Claire Pimbusch aus «Rheinsberg». Sie ist eine für die damalige Zeit emanzipierte Frau, elegant, intelligent bis zum schnippischen Witz, aus gut situiertem jüdischen Bürgertum stammend, spezialisiert (und promoviert) in Psychiatrie. Die Heiratsanzeige im «Berliner Tageblatt» gibt bereits die gemeinsame Adresse in Berlins vornehmer Kaiserallee an, wo Else Weil auch ihre Praxisräume hatte. Einer der Trauzeugen ist «Weltbühnen»-Herausgeber Siegfried Jacobsohn. Doch es scheint, als sei auch eine «Lebenspraxis» eingerichtet worden – zwei voneinander unabhängige, gut verdienende jüdische Bürger haben sich miteinander eingerichtet; man darf wohl eher von Bequemlichkeit sprechen als von Liebe.

Schon zwölf Tage nach der Eheschließung trifft Tucholsky Mary Gerold in Berlin. Am 4. August – fast auf den Tag genau drei Monate nach seiner Hochzeit – schickt er ihr Rosen; sie notiert in ihrem Tagebuch: «Ob wir noch einmal zusammenkommen?» Es beginnt ein sanft zögernder Briefwechsel, ein leiser Bienentanz der Zagheit und Zartheit. Ganz deutlich geht der verheiratete Tucholsky seinen Amouren nach – und pirscht den Pfad der Liebe entlang. Im

April 1922 geht dieser Brief in die Post: «Er ist damals vier Monate zu früh nach Berlin gekommen – ich hatte gar kein Geld und wußte nicht weiter. Dann ging es nicht und dann verdiente ich im Jahr darauf und ging mit dem Geld so um, wie man es nicht hätte tun sollen. Das ist vorbei, und ich kann von vorn anfangen.

Ich habe nicht das Recht, Ihm irgend etwas zu sagen –: und wenn Er heiraten will oder Sein Herz weggegeben hat, so soll Er das tun. Ich kann auch nicht die Verantwortung übernehmen, auch nur einen Satz zu schreiben, der Ihn veranlassen sollte, etwas zu tun oder nicht zu tun. Ich will Ihm nur sagen, daß ich heute weiß, wie ich auf diese Weise die zwei bösesten Fehler meines Lebens begangen habe. Mit Ihm und dann später. – Ob das je wieder gut zu machen sein wird, weiß ich nicht.

Ich weiß nur: ich habe Ihn nicht vergessen. Er ist die einzige Frau, von der ich mir denken kann, daß sie mir ein Kind schenkt – und Er ist die einzige, auf die ich eifersüchtig war wie ein kleiner Junge und die ich geliebt habe wie nie jemand.»

Der Absender ist noch die gemeinsame Wohnung mit Else Weil – in der er sich aber derart viele Abenteuer erlaubte, daß die Ehefrau ihn vor die Tür setzte. Im Mai 1920, genau zwölf Tage nach der Eheschließung, hatte Mary – sie war inzwischen «kleines Bureau-Mädchen», wie sie sich nannte, in einer Anwaltskanzlei – Tucholsky zufällig auf der Straße getroffen und über ihre Begegnung notiert: «Ich sah Ihn heute wieder, nach drei Monaten das erste Mal, da ich Ihm begegnete. Ich ging gedankenlos von der Arbeit, abgespannt, zum Mittag. Ich schaue auf und erkenne ihn, sehe weg, um Seinen Gruß dann zu erwidern, doch er kommt auf mich zu. Ich war die ganze Zeit wie benommen, ich hörte nichts, ich sah nichts, nicht Ihn und auch sonst nichts. Sonderbar, ich war heute gar nicht befangen, ich hätte heute mit Ihm über alles wie mit einem jeden anderen sprechen können. Er fragte mich so viel und ich antwortete. Ob ich umgezogen sei und ob er die Adresse erfahren könne. ‹Es ist doch kein Geheimnis wo ich wohne› – ‹Immer noch die alte ..., nicht gleich spucken!›, und er notierte sie sich. Wir sprachen verschiedenes, wie man eben mit einem guten Bekannten spricht, wenn man sich nach längerer Zeit wiedersieht. Alles Gequälte von früher war verschwunden. Ich weiß, er drückte meine Hand herzlich, wohin ich gesehen, ich weiß es nicht. Ich weiß nur, ich ging über die Straße und sagte mir ‹du siehst dich nicht um, denn er sieht dir wahrscheinlich nach!› Ich weiß von Ihm nichts, gar nichts, nicht wie Er aussah, was er anhatte, ich habe ihn auch nach nichts gefragt ... Ich glaube nicht, daß er mich belogen hat. Ich glaube, daß er mich geliebt hat, wie ich Ihn geliebt habe. Vielleicht hat er geheiratet, weil er die Leere nach unserem Auseinandergehen nicht ertragen hat? – Ob er glücklich ist?»

Aber sie hat sich auch eine regelrechte Antwort auf seinen Brief vom 24. April 1922 aufgehoben (die Dokumentenlage zeigt nicht deutlich, ob sie je abgeschickt wurde): «Dieser Brief von Ihm wirbelte alles in mir auf, ich war nicht imstande zu denken, etwas zu begreifen, ich fühlte nur einen entsetzlichen Schmerz in mir, ich mußte weinen, um mir Luft zu machen. –

Meine Antwort lautet:

‹Sein Brief ist da. Er hat Böses angerichtet. die Wunde, die sich langsam zu schließen begann, ist aufgerissen worden. Aber das ist ja meine Sache und wie ich damit fertig werde. – Ob Er einen Fehler begangen mit mir – wer vermag das zu sagen? – ob ich heiraten werde? Vielleicht, nicht bald, vielleicht später einmal. Mein Herz weggeben kann ich ja gar nicht, auch wenn ich es wollte – es ist nichts mehr in ihm, das zu geben wäre. Er käme her und bäte mich um Verzeihung? Was soll ich Ihm verzeihen? Ich muß Ihm immer und immer wieder danken – für alles. M.»»

Es wird eines der vielen und unauflöslichen Rätsel im Leben, im Charakter, also auch im Werk dieses Mannes bleiben: In tiefsten persönlichen Krisen, in erotischen Verstrickungen sonder Zahl, schreibt er seine wichtigsten Texte, ob es die politischer Klarsicht ist, jene Schopenhauer-getränkter Melancholie oder solche des frech-zweideutigen Bänkelsängers. Läse man nur seine Arbeiten und wüßte man nur von Teilnahme an Kundgebungen, dann ahnte man nicht vom zweiten Leben im ersten des Kurt Tucholsky. Dieses zweite Leben folgt erst einmal dem Rhythmus von Zufällen. Mary notiert im September 1920 wieder eine Begegnung, und bei der spielt jenes «skandalöse» Gedicht eine Rolle:

«... ich gehe und singe, um mir Mut zu machen. Ich bin wieder an der Kirche am Fr.Wil.Platz. Jemand zieht den Hut ... Nungo! als ob er auf mich gewartet hätte.–

– ‹Das muß wohl der liebe Gott gewollt haben, daß ich heute um diese Zeit ausging. Wie geht es Dir, Mätzchen, Du siehst sehr wohl aus, gut aufgelegt und strahlend.›

Ich war im ersten Moment etwas verwirrt, doch es legte sich und ich erzählte ihm frei und fröhlich alles, was Er wissen wollte.

– ‹Du bist immer noch auf der alten Stelle?›

– Ja, aber ich will fortgehn, falls sich mir etwas besseres bieten sollte. –

Er sah mich an. –

Ich verstand .... – ich meine eine andere Stelle! –

– ‹Ich dachte dich mal mit einem dicken Mann und Kinderwagen schieben zu sehen ...›

– Nein ...

– ‹Nie heiraten?›

– Ich zuckte die Achseln, aber keine Kinder.

– ‹Hast Du das vorige Heft der *Weltbühne* gelesen, – ich muß Dir was beichten.›

– Ja. –

– ‹Weißt Du Bescheid?›

– Ja. (es ist *mein* Gedicht, ‹An ein Kind›)

– ‹Es hat einen unglaublichen Skandal gegeben: die einen behaupteten, es sei von der Holl, die anderen, ich hätte es umgebracht, die dritten, es wäre unmöglich über so was zu schreiben, – aber glauben will keiner, daß es das nie gegeben hat.› –

Wir verstanden uns ohne Worte, wir lasen zwischen den Zeilen, einer brauchte nur etwas anzudeuten, sofort erfaßte es der andere. Ich freue mich über die Begegnung, die in mir nachklingt, ich möchte es jetzt Freundschaft nennen, mehr empfinde ich im Augenblick nicht.»

Da täuschte sich eine. Die Fäden werden weiter und enger gesponnen. Er schickt ihr Rosen, sie ihm Mimosen (es werden aber Chrysanthemen). Der kleine Marmoraschbecher, über den sie sich – nach Blumentopf mit eingepflanzter Wurst – freut, steht heute auf meinem Schreibtisch. In diesem Blumenwald irrt Mary umher und singt sich trotzigen

Mut zu: «Vielleicht ist es aus der Entfernung viel schöner – die Nähe enttäuscht letzten Endes immer. Ich glaube, ich kann ihn nicht mehr lieben ... nie, nie mehr lieben.» Das stammt aus dem November 1920. Doch schon genau ein Jahr später, im August 1921, muß sie sich eingestehen: «Und wenn Er sagte: Es ist alles beim Alten, komm! – es war eine dunkle Leere, diese lange Zeit – ich ließe alles stehen und folgte Ihm ... Ist Er glücklich? Denkt Er an mich, weil Er so glücklich ist, daß Er auch mir ein wenig davon abgeben möchte? Oder hat Er Minuten, in denen Er sich nach mir sehnt? – – – Die Uhr an meinem Handgelenk tickt unaufhörlich, zu welchem Ziel führt sie mich? Ihr Ziel ist doch verwirkt –» Es ist nicht verwirkt.

Tucholsky macht im Februar 1923 Urlaub im Kurhaus Zippendorf bei Schwerin. Diesmal ist es nicht Rheinsberg, und die Gefährtin heißt nicht Claire, sondern Mary. Fast lakonisch summiert sie: «Wir waren zusammen. Das süße Gift der Sünde.» Im Juni verläßt er die gemeinsame Wohnung mit Claire, recte: Dr. Else Weil, und bezieht in der Charlottenburger Windscheidstraße zwei möblierte Zimmer. Die Scheidung von Else Tucholsky – sie behielt diesen Namen bei – am 14. Februar 1924 kommentierte Siegfried Jacobsohn leicht düpiert: «Natürlich sind darüber Worte weder zu sprechen noch zu schreiben. Es wäre nur hübscher gewesen, das nicht en passant in einem fremden Hause zu erfahren. Im übrigen werden wir Pimbusch auf ein paar Wochen zu uns einladen. Hoffentlich nimmt sie an.» Freunde und Bekannte hatten die gut aussehende, souveräne Ärztin sehr gemocht; Walter Mehring erinnert sich: «Denn wenn Kurtchen mal unpäßlich war, dann benahm er sich wie ein richtiges Baby ..., sachte Pimbusch: sachte die

Claire von Rheinsberg, die ihn gepflegt und gehegt hat in seiner permanenten Pubertät.»

Eine etwas merkwürdige Rolle in Tucholskys Tanz zwischen und mit Frauen spielen dabei seine zwei Männerfreunde Karlchen (Danehl) und Jakopp (Hans Fritsch), die er noch aus der rumänischen Polizeidienststelle kannte, die er gelegentlich in Hamburg besucht und mit denen er seine berühmt gewordene Sauftour durch den Spessart unternimmt. Es ist vor allem Karlchen, der – für meinen Geschmack etwas männchenhaft – mal zu Else Weil hält; dann sich erkundigt, ob Mary denn auch «zärtlich» sei (womit wohl sinnlich gemeint war); dann später vertrauter Briefpartner und Ratgeber der Lisa Matthias sein wird; und schließlich – zweieinhalb Jahre vor Tucholskys Tod – der in Berlin gebliebenen Mary Ratschläge erteilt, die sie notiert: «Zweimal mit Karlchen zusammengewesen, der kuppelt. ‹Fahren Sie doch hin zu Ihm.› – ‹Was soll ich da?› – ‹Ihm wohltun!› – ‹Fahren wir zusammen hin, um bei Ihm unsere Ferien zu verbringen.› – ‹Er spricht sehr nett von Ihnen und sagt, Sie wären die einzige Frau, die nie etwas von Ihm hat haben wollen. Wissen Sie, daß Sie alles erben? Anfangs waren noch zwei andere Damen mit Ihnen in Erwägung gezogen, aber *Sie allein* sind geblieben ...›»

Selbst der frisch und wieder neu Verliebte – der übrigens, schuldiger Part der Scheidung, seinen Unterhaltspflichten nur unregelmäßig und widerwillig nachkam – gestand Mary gegenüber ein: «Ich war plump, roh, dumm. Ich tat weh, obgleich ich wissen mußte, weh zu tun – und ich tat unnötig weh.»

Aber war Tucholsky überhaupt verliebt? Oder war er das zwar berühmt, aber nie erwachsen gewordene Kind – «Ich

Jacobs
14. Mai 1927. Rotweinkeller Hamburg.

Mit «Karlchen» und «Jakopp» im Hamburger Ratsweinkeller, Mai 1927; links Rechtsanwalt Walter Siemers vermisse meine Mutter heute noch», hatte er bereits 1918 geschrieben –, das nach den Schneeflocken haschte und sich wunderte, daß sie in seiner Hand schmolzen? Der die prachtvollen Eisblumen so lange anhauchte, bis sie an der Scheibe zerrannen? Er baute sich einen Schneemann aus Asche. Mit vollen Segeln rauschte das Glücksschiff in eine Katastrophe gräßlichen Ausmaßes.

Mit festen Verträgen der «Weltbühne» und für Ullsteins «Vossische Zeitung» geht Tucholsky 1924 nach Paris. Am 30. August hatten Mary und er noch in Berlin geheiratet. Voller Freude berichtet Mary Anfang 1925 ihrer Mutter, man habe einen «Pavillon» mit fünf Zimmern, Küche, Badezimmer und Garten gemietet: Le Vésinet, 28 Avenue des Pages. Ankerplatz und Geborgenheit? Schon zwei Jahre vor der Eheschließung hatte Mary ahnungsvoll notiert: «Jede Freude muß man mit einem Verlust erkaufen.» Nein, es beginnt eine Zeit ständig neuer Wohnungssuche und Umzieherei, mal ist die eine Behausung zu laut, mal die andere zu still, zu klein, zu groß, ist endlich eine auch für das Klavier geeignete gefunden – nun in der Normandie, dieweil Mary die nächste in Paris suchen muß –: reist er nach Berlin, Wien, Garmisch, München, Sils-Maria. Eine einzige längere Reise macht das Paar gemeinsam, vom 18. August bis Mitte Oktober 1925 durch die Pyrenäen. Daraus entstand seine klassisch gewordene Reportage «Ein Pyrenäenbuch». Er schreibt darüber, nie sei er unglücklicher gewesen als zu dieser Zeit …

Die Gemeinsamkeit des jungen Paares findet auf dem Papier statt. Tucholsky – ohnehin ein begnadetes *talent épistolaire* – schreibt Liebesbriefe von jedem Ort, wo immer er sich aufhält und in jede Stadt, die Mary gerade besucht –

mal die Mutter in Riga, mal ist es eine leicht mysteriöse Reise durch Italien. Ist er in Paris, ist sie unterwegs, ist er auf Reisen, kümmert sie sich um seine Angelegenheiten in Paris, sorgende Hausfrau, besorgte Mutter, fürsorgliche Sekretärin in einem; auch Ratgeberin für seine verzwackten beruflichen Angelegenheiten, eine Revue für Fritzi Massary, eine politische Rede zusammen mit Ernst Toller und Erwin Piscator, die Vorstandswahl in die von Kurt Hiller gegründete «Gruppe revolutionärer Pazifisten». Tucholsky ist ein sehr um sich bekümmerter Egoist, Mary ist eine sich um den geliebten Mann kümmernde Frau. Er ist ruhelos, sie auf der Suche nach Rast für ihn. So sind die Briefe dieser Zeit das Bindeglied zwischen zwei bereits unmerklich auseinanderdriftenden Menschen; sie «erkennen» sich wohl auch im biblischen Sinne nie wirklich. Er will eine Dame im Salon, die im Bett möglichst vulgär ist. Sie ist und bleibt eine vornehme Frau. Die Briefe sind große menschliche Dokumente, man liest sie wie ein einziges gigantisches Liebesgedicht; das folgt allerdings seinem Motto «Immer wenn weg große Liebe». Genau begriffen bedeutet das: Liebe als Schimäre. Tucholsky wirft gar kunstvoll seine Hoffnungslassos hoch in die Lüfte – zugleich hoffend, daß er die gemeinte Beute nicht einfängt. Er begnügt sich lieber mit gemeiner Beute; vulgo: allerlei rasch abgewickelten Bettaffären. Derweil er gerne und häufig klagt über seine falsch laufende Lebensuhr. Sehr viel später wird die kluge Mary ihm einmal schreiben: «Mit derselben Energie, mit der Er unglücklich ist, könnte Er glücklich sein.»

***

Mary Tucholsky
auf der Pyrenäen-Reise, 1925

Hier gilt es, der Erzählung vom Gang der Ereignisse Einhalt zu gebieten. Wollen wir doch noch einmal unsere Grundthese untersuchen, besser gesagt: variieren – warum die Begegnung mit Mary, die Beziehung zu ihr, für Kurt Tucholsky von so ganz und gar einmaliger, existentieller Bedeutung war.

Tucholsky hatte die Utopie – oder Illusion – von der Frau als Kamerad; die Vermännlichung der Angebeteten per Anrede «Er» – selbst in seinem Abschiedsbrief 1935 wird er Mary nicht duzen – haben wir untersucht. Es liegt dem jedoch Tiefergehendes zu Grunde. Tucholsky will einen Mann, der nachts eine Frau ist. Das ist nicht etwa Sehnsucht nach dem Androgynen. Es ist eine tief innen nistende Gespaltenheit. Der Mann in Gestalt einer Frau – *dieser* Frau – soll Kampfgefährte sein. Das meint er, in perfekter Ausformung in Mary Gerold gefunden zu haben. Einzig mit ihr – und mit keiner anderen Frau seiner vielen Affären – hat er über seine Arbeit gesprochen, sie ganz einbezogen in seine Textproduktion. Er «ernannte» sie zum Berater, immer wieder – auch lange nach der Trennung noch – holte er ihren Rat ein in kniffligsten Lebenssituationen, bei Problemen mit der Arbeit; selbst bei gelungenen, etwa den «Wendriner»-Geschichten, berichtete er davon im Ton, in dem ein Autor gemeinhin seinem Redakteur oder Verleger berichtet – was ja stets eine fragende Unsicherheit verrät.

Diese «Funktion» erfüllte Mary perfekt. Sie war «der Mann an seiner Seite». Zahllose Briefe geben Zeugnis davon. Dies war die reale Zweisamkeit. Die andere – irreale? – war die erotische. Die erhoffte Verwandlung des männlichen Copain in die heißblütige Gespielin der Nacht erwies sich bald als Schimäre. Mary – sie hatte oft betont, sie wolle ihn «ganz» – vermochte diese Aufspaltung in zwei ‹Rollen› offenbar nicht mitzuvollziehen. Ganz offensichtlich gelang es beiden nicht, den Tag zur Nacht zu machen. Kurt Tucholskys Begehren blieb eine Wunschvorstellung; denn er begehrte etwas, das es nicht gibt. Weil seine Sehnsucht letztlich ohne Erfüllung blieb, blieb sie in ihm virulent, erlosch nie – so, wie Träume in schrecklicher Schärfe sich in die Seele senken. Es gab in seinem Leben keinen anderen Menschen, der so tief in jenes unergründliche Magma reichte: einzig Mary.

Wie bravourös sie den Part des Kameraden annahm und meisterte – dafür gibt es ein frappantes Beispiel. In der Literaturgeschichte ist jene Auseinandersetzung zwischen Karl Kraus und Kurt Tucholsky seltsamerweise weitgehend unbeachtet geblieben. Doch gerade dieser eher schmähliche Streit wurde ohne Marys Rat und Hilfe nicht ausgefochten; zumal, wie wir gleich sehen werden, die Zeit in Alt-Autz dabei eine entscheidende Rolle spielte. Bezeichnenderweise hat Mary Tucholsky – den Namen hat sie nach 1945 wieder angenommen – in dem von ihr sorgsam aufgebauten Tucholsky-Archiv eine separate Mappe angelegt, die sich dort nach ihrem Tode fand; es war die einzige dieser Art. Wie keinen anderen Vorgang hat sie diese gesamte *Cause fameuse* genauestens dokumentiert, die betreffenden Original-Hefte der Karl-Kraus-«Fackel» chronologisch abgeheftet und Tucholskys Kommentare, sogar Briefe von ihm an den «Weltbühnen»-Herausgeber Siegfried Jacobsohn zugeordnet. Und all diese Unterlagen tragen ihre handschriftlichen Bemerkungen, manchmal auch nur ein Fragezeichen, gelegentlich regelrechte eigene Stellungnahmen. Dies ist ein einzigartiger Beleg für die Mitarbeit von «Kamerad

Mary»; man darf das wohl Zusammenarbeit nennen. In einer höchst verworrenen Angelegenheit.

Um was ging es nun genau? Vergegenwärtigen wir uns kurz, wie Autoren einander die Ehre abschneiden können. Dann aber soll ein Exkurs verdeutlichen, daß Mary Tucholsky nicht nur bei den zahlreichen Prozessen, in die Tucholsky verwickelt war – etwa wegen des heute klassischen Satzes «Soldaten sind Mörder» –, sondern auch und gerade in der großen Auseinandersetzung zwischen Karl Kraus und Kurt Tucholsky behütender wie anfeuernder Ratgeber war. Unsere These von der so tief verankerten Bedeutung dieser Beziehung wird – als spielten die Akteure auf einer Simultanbühne – hell ausgeleuchtet.

«Das Scheusal hat Talent» – mit dieser widerwillig-respektvollen Abschätzigkeit quittierte Thomas Mann die Sottisen des Bertolt Brecht, der dem *Buddenbrook*-Autor bescheinigt hatte, «ein paar hübsche Erzählungen» geschrieben zu haben. Man weiß, daß Schriftsteller gerne, oft und mit Vergnügen Häme über Kollegen möglichst formvollendet formulieren. Der bitterböse Angriff Sartres auf Camus ist bekannt, wie die Attacken von Mario Vargas Llosa gegen García Márquez, Susan Sontags dünnlippige Mißachtung des Saul Bellow oder Golo Manns Verachtung für Adorno. Schon Goethe schrieb «Sooft ich ein paar Seiten im Jean Paul lese, überkommt mich ein Ekel und ich muß das Buch weglegen», und während Brecht Rilkes Verhältnis zu Gott «absolut schwul» nannte, gelang Vladimir Nabokov eine ganze Menüfolge der Unbekömmlichkeiten:

Thomas Mann, «Tod in Venedig»: erschlafft.

Boris Pasternak, «Doktor Schiwago»: melodramatisch und miserabel geschrieben.

Cervantes' «Don Quichotte»: grausam und grob.

Albert Camus: scheußlich.

T. S. Eliot: nicht ganz erstklassig.

Ezra Pound: entschieden zweitklassig.

Der kluge Friedrich Sieburg hatte also recht mit seiner Bilanz, es wisse nicht, was Haß sei, wer nicht unter Schriftstellern gelebt habe.

Erstaunlich aber ist der Haß, wenn mit ihm Autoren, die man für Gleichgesinnte hält, sich befehden. Gemeinhin wird die «Fackel» des Karl Kraus und die von Siegfried Jacobsohn (bis zu seinem Tod 1926) herausgegebene «Weltbühne», wesentlich geprägt durch Kurt Tucholsky, im literarischen Gedächtnis bewertet als ein journalistisches Zwillingspaar aus dem frühen 20. Jahrhundert, das den Kampf gegen Militarismus, Demokratieverfall und Reaktion unter gemeinsamem Panier ausfocht. Da liest man dann doch verblüfft, wie – 1925 – Karl Kraus warnt, daß er «nicht mehr tun kann als der Pflicht zu genügen, jene Leser in Deutschland, die aus den Zitierungen und Lobpreisungen der Fackel in der ‹Weltbühne› die Beziehungen freundnachbarlichen Anschlusses zu entnehmen glauben, auf den Irrtum aufmerksam zu machen». Das steht in einer sehr umfangreichen Philippika «Der Fall Jacobsohn»: «[...] ein Fall Jacobsohn, den es zwar immer wieder gibt, aber immer von neuem: als Person ohne den vorangestellten Herrn und selbst ohne die heroische Nuance des Vornamens nicht denkbar.» Daß für Karl Kraus das Epitheton «Herr» als tödlich galt, weiß man; «Herr Werfel» – und ein Dichter ist begraben. Auf die verzwackte Jacobsohn-Attacke wird noch einzugehen sein.

Aber vor allem Tucholsky soll mit dem Säbel «Herr» enthauptet werden; jedenfalls wird dem in Berlin Berühmten aus Wien gedroht: «Sehe sich der Herr Tucholsky vor, daß ihm kein analoger Vergeistigungsprozeß zuteil wird und daß ‹Peter Panter› – haste Panther, hätte Peter gesagt – nicht beschädigt aus dem Sprung hervorgehe, den er auf einen unternommen hat, der sich im Dschungel gut auskennt. Dieser Tucholsky, der bestimmt nicht so dumm ist, das zu glauben, was er schreibt, erzählt den Lesern der Weltbühne, es handle sich in den ‹Unüberwindlichen› um das Faktum, daß Herr Bekessy in Wien bestochen wurde. Er meint, das Publikum sei eingeweiht gewesen: der schon aus der Vossischen Zeitung bekannte ‹Anhang›; Kraus möge ‹sich nicht täuschen: er hat kein Publikum erobert, er hat ein erobertes Publikum erobert›. Blendend! Der Erfolg der ‹Unüberwindlichen› als Argument gegen deren Erfolg [...] Panter weiß natürlich so gut wie es Tiger, Hauser, Wrobel, ja sogar Tucholsky weiß, daß unter jenem Publikum der Matinee sicher mehr als tausend waren, die dem Abenteuer zwischen den Welten Barkassy und Wacker gespannt folgten, ohne zu wissen, daß es Bekessy und Schober gibt. [...] Ich will mich über die Echtbürtigkeit des Urteils, das er heute über mich und meine Wirkung abgibt, mit ihm nicht auseinandersetzen. Ich will ihm vorläufig nur sagen lassen – und ich zweifle nicht, daß sich Hörer in diesem Auditorium finden werden, die die Botschaft pünktlich bestellen –: daß mich der Typus des linksradikalen Journalisten mit kriegerischen Meriten, des preßversippten Revolutionärs schon lange fesselt. Und ganz besonders die faszinierende Wirkung, die eine fünfdeutige Gestalt auf ein Geistesleben hat, dessen Ausdrucksarmut freilich die Bewunderung für vifen Ungeist, für das Bewegliche und ‹Spitzige› erklärlich macht. Herr Tucholsky ist ja über meine Anschauung von diesen Dingen unterrichtet [...] Mit Pantern, Tigern und selbst zahmeren Haustieren werde ich bestimmt noch fertig. Bis dahin lenke man nicht unnötig die Aufmerksamkeit auf sich, zitiere mich weder verehrend noch falle man mir anders in den Rücken.»

Das ist zum einen – selbstverständlich bei Karl Kraus – wortwitzig; der Einfall, einen unter fünf Pseudonymen Publizierenden «eine fünfdeutige Gestalt» zu nennen, ist fraglos amüsant; die Unterstellung, ein Autor glaube selber nicht, was er schreibt, bekommt auch immer Applaus. Verräterisch jedoch ist die selbstverliebte Parenthese, seine – Karl Kraus' – Matinee (um die es hier geht) sei von «mehr als tausend» Zuhörern besucht gewesen wie auch die Abwehr, er möchte nicht «verehrend» zitiert werden. Da liegt offenbar ein tiefer Groll. Tucholsky hat nämlich immer wieder enthusiastisch auf den satirischen Ankläger Karl Kraus hingewiesen, auf dessen Sprachkunst; selbst der hier empört zurückgewiesene Panter-Bericht stellte lediglich fest, daß in Berlin Korruption sich anders abspielt als in Wien: «Was ist uns Bekessy? Unsere Korruption sieht anders aus, unsere Journalisten haben andere Fehler und andere Untugenden.» Das ist offenbar die eine Kraus tief kränkende Frivolität: es wird keineswegs auftrumpfend deutlich gemacht, daß Wien sehr weit weg ist, daß Affären (und deren journalistische Enthüllungen) in Deutschland – etwas größer als das Österreich der 20er Jahre – wenig interessieren. Was der Wahrheit entsprach. Die «Fackel» – so glänzend diese Ein-Mann-Inszenierung sich auch darstellte – war in der Weimarer Republik so gut wie unbekannt. Die «Weltbühne», trotz ihrer winzigen Auflage (die höchste lag bei 15 000, meist weit darunter), also nicht zu vergleichen mit heutigen «Reichweite»-Maßstäben etwa von «Spiegel» oder auch nur «Zeit», war von enormem Einfluß, intellektuell wie politisch; sie erreichte Eliten – was man heute «Entscheidungsträger» nennt. Weder Siegfried Jacobsohn noch Kurt Tucholsky leiteten daraus irgendeinen hochnäsigen Überlegenheitsanspruch ab. Aber einen Karl Kraus muß die akzeptierte Prominenz vor allem des Autors Kurt Tucholsky tief gedemütigt haben. Schon 1920 hatte Tucholsky diesen Aufsatz in der «Weltbühne» veröffentlicht.

***

Weltgericht
Kurt Tucholsky über Karl Kraus

S. J. (Siegfried Jacobsohn) hat so oft auseinandergesetzt, wer und was Karl Kraus ist, daß mir zu tun fast nichts mehr übrig bleibt. Kraus hat nun (im Verlag der Schriften von Karl Kraus, München, Luisenstraße 31) zwei Bände erscheinen lassen: «Weltgericht» – dieselben, die in Nummer 17 der «Weltbühne», Berlin, im Jahr 1920 Eduard Saenger besungen hat. Er wird mich keineswegs hindern, es auch zu tun. Hier ist das gesammelt, was Kraus in der großen Zeit und zu der großen Zeit zu sagen hatte. Das war wie ein Schrei aus einer andern Welt, als er im Jahre 1914 – und so begann es – zu sprechen anhub: «In dieser großen Zeit, die ich noch gekannt habe, wie sie so klein war; die wieder klein werden wird, wenn ihr dazu noch Zeit bleibt ...» Das waren die ersten Worte eines, der vom August bis zum November 1914 vor Schreck jäh verstummt war (die andern hatten längst ihre Sprache wiedergefunden, und was für eine). Die *dramatis personae* dieses Weltgerichts sind tot oder werden es bald sein. Ihr schlechter Atem wird leben. Noch lebt er. Karl Kraus hat ein Geheimnis: er zitiert wörtlich die Zeit, und in seiner Luft, auf seinem Papier enthüllt sie all ihre Widerlichkeiten. Man hat gesagt, er habe nicht gewagt, diesen oder jenen Mächtigen anzugreifen. Was war ihm dieser oder jener! Er tat nichts weiter, als die Welt, so wie sie da war, mit den Forderungen Jesu zu vergleichen, und der Höhenabstand war schwindelerregend. Und er hat weniger Wilhelm angegriffen, weil der nur ein Symptom war – er griff alle an, weil er verstanden hatte, daß alle schuld waren.

In diesen beiden Bänden findet sich schon ein Teil des Rohmaterials, aus dem die ungeheure Tragödie der «Letzten Tage der Menschheit» gebaut worden ist: da tanzen die Schmöcke als Polichinells einen blutigen Reigen, da dichten die Dichter, da fotografieren die Fotografen, und alle sind sich darüber einig, daß man mit Speck, Lederlieferung, Poesie und Presselügen durchhalten müsse. Und sie haben durchgehalten. Wir spüren es heute noch.

Was aber wie ein roter Faden durch das Buch geht, ist ein Gedanke, so schauerlich und so groß, wie ihn nur wenige gefaßt haben: die Entdeckung des alten Ornaments, das auf die neue Zeit aufgeklebt ist. Daß es einen Kaiser gab und zugleich Eisenbahnen ..., daß einer das Schwert zog und einen Gasangriff befahl, und daß man Schlacht sagte, so Schlachten gemeint war, Schlachtungen durch Maschinen, und daß die Technik die Verantwortung tötete, die die Kollektivität ohnehin schon eingeschläfert hatte. Böse Wahrheiten? Aber Wahrheiten. Es stehen beklemmende Sätze in dem Buch: «Es war bis zur Stunde, da dieser Wiener doch unterging, mir immer das unheimliche Wunder unserer Existenz, daß dieses ganze Zubehör von Menschen und Maschinenbestandteilen nicht mit einem plötzlichen ‹Ah woos› sich hinlegte und seine Selbstauflösung den mühevollen Gesten eines unmöglichen Betriebs einfach vorzog.» Und diese paar Worte da, ‹in ihnen eingefangen das Elend von achtzig Millionen› ... daß der Marschallstab der oberste Traum eines jeden Soldaten sei. Und ich war zu neugierig, ob er in einem dieser Erdäpfeltornister Platz hätte, an die angebunden solch ein armes, verschmutztes, gequältes Stück Mensch die große Zeit durchkeucht.» Kraus hat erkannt, wer gesündigt hat. Keine Herren. Beileibe nicht. «Sie waren nur Mörder aus Mangel an Phantasie, nicht weil's die Sache wollte. Und Herzen mußten zu schlagen aufhören, weil's ihnen bei der Sorte an Protektion gefehlt hat. Nicht zum Zweck, nicht als Opfer der Natur, nicht in despotischer Verantwortung, die vor der Sünde seelisch sich behauptet, nein, durch vergnügte Spießbürger, die nicht wußten, ob's die Schweinsjagd war oder nur die Menschenjagd, ist alles das vollbracht worden. Harmlose Mordskerle waren es, gemütliche Kanaillen, Polterknechte aus Hetz.» Und er prägt das Wort von dem «Sklavenaufstand», und da steht: «Im Angesicht sterbender Männer wird ein Wesen, das mit dem Lorgnon zuschaut, für Tapferkeit dekoriert; Finanzgauner, deren Sprache kaum zur Verständigung über die notwendigsten Berufspraktiken reicht, tragen das Kleid vorzeitlicher Ehre; Cafétiers nehmen mit Veteranen den Appell ab; Judenbuben sind die Dichter der Nation, der sie nicht angehören; und in der Plankengasse habe ich zugeschaut, wie ein Straßenkehrer einen Unterstraßenkehrer wegen vorschriftswidrigen Grußes gestellt hat. Ist nicht, was rings uns umgibt, die aufgewärmte Rache von Vorgesetzten, die Untergebene waren? Von Kellnern, die dem Piccolo heimzahlen, was sie auszustehen hatten? Von einst selbst geschundenen Abrichtern? Dem letzten Knecht ist noch ein Untertan das Pferd.» Und was Karl Kraus in einem seitenlangen Satz über den berüchtigten Einwand, man dürfe nicht generalisieren, sagt, müßte allen Generalen in die Ohren geschrien werden.

Österreich? Preußen. Deutschland. Und die ganze Welt, soweit sie militaristisch durchseucht ist. Ehre dem Tapfern, der's gesagt hat und wieder gesagt und wieder gesagt. Sie hatten aber keine Ohren zu hören, sondern nur zwei linke

Hände, die nicht wußten, was recht ist, und zwei Füße, mit denen sie gingen, es sich zu richten. Dann aber schritten sie stolz, und ohne auf das Gekläff eines Literaten zu horchen, dahin, wohin sie gehörten: in den Abgrund.

***

Das ist wohl die andere Kränkung, wie Karl Kraus es empfand; gleichsam unter dem Motto «Ich wünsche nicht gelobt zu werden» – denn Lob und Tadel kamen beim «Weltgericht» nur einem zu: dem Entzünder der «Fackel». Anders ist die steigende Wut nicht zu erklären, mit der Karl Kraus den bewundernden Applaus quittierte, mit dem Tucholsky auch Vortragsabende des gelegentlichen Berlin-Gastes Karl Kraus bedachte. Der Kerl wagte es, sich zu (freundlichem) Urteil aufzuschwingen? Das mußte geahndet werden. Zu den genialen Eigenschaften des «Fackel»-Herausgebers gehörte ein phänomenales Gedächtnis. Diese Lanze legte er ein.

Mit jener messerblitzenden Häme, mit der Onkel Salomon Heine seinen berühmten Neffen gepiesackt hatte – «Der Platen hat dir aber gut getrefft» –, sticht Karl Kraus immer wieder in eine offene Wunde seines Kontrahenten. Da heißt es mal: «Ein anderer Name, der in die Debatte geworfen wird, ist der von Kurt Tucholsky. Er ist heute Vertreter des radikalsten Pazifismus und tut ausgesprochen so, als hätte er niemals anders gedacht, hat aber, wie unwidersprochen behauptet wird, noch bei der neunten Kriegsanleihe im Herbst 1918, die Trommel gerührt, um das Volk zu dieser Aktion zu begeistern.»

Ein andermal greift er eine Berliner Zeitungsmeldung auf, um sich erneut zu erbosen:

«Notizen und Glossen
Der Knebel

Das preußische Polizeipräsidium schämt sich nicht, berühmten und führenden deutschen Dichtern wie Tucholsky, Theobald Tiger, Erich Kästner, Erich Weinert u.a. einen Knebel in den Mund zu stecken, weil ihre Verse in diesem Sammelband die Schmach unserer Zeit festhalten, und hofft, sie mundtot zu machen, indem es verbietet, die ‹Roten Signale› zu hören.

Natürlich kann ich es nicht billigen, wiewohl der Herr Tucholsky an der Schmach unserer Zeit, solange sie die große war und noch ein wenig später, ganz tüchtig mitgewirkt hat, und es wäre unstreitig angebrachter gewesen, ihm den Knebel in den Mund zu stecken, als er die fünfte Kriegsanleihe besang und als er Rosa Luxemburg verulkte, obschon ich es auch heute für besser hielte, daß der Herr Tucholsky von selbst nicht den Mund aufmacht. Daß dergleichen zu den berühmten und führenden deutschen Dichtern gehört, kann die Schmach unserer Zeit, die ich ja ziemlich genau ermessen zu können glaube, kaum verkleinern. Nur muß man den ‹Abend›, dessen Partei schließlich solche Knebelungen ermöglicht hat und dem preußischen Polizeipräsidium ja auch sonst nicht fern steht, darauf aufmerksam machen, daß, wenn jeder der Freien heute seinen Knebel erhält, die Herren Tucholsky und Tiger ganz gut mit einem auskommen, an dem sogar noch die Herren Panter und Hauser partizipieren können nebst jenem Wrobel, der gegenüber der feuilletonistischen Gewandtheit seiner Teilhaber wenigstens bemüht ist, gesinnungsmäßig einzubringen, was insbesondere der Herr Tucholsky versäumt hat. (Wiewohl die Rede ging, daß Wrobel nunmehr den verantwortlichen Redakteur die Verantwortung für seinen berechtigten Angriff gegen eben die Sorte, die einst an Kriegsanleihen interessiert war, übernehmen lasse.)»

Um was geht es da? Tatsächlich hat Kurt Tucholsky – und zwar mehrere Male, wenngleich nicht «wie unwidersprochen behauptet wird», sondern durchaus öffentlich – für Kriegsanleihen geworben. Ohnehin ist ja seine Rolle während des Krieges einigermaßen dubios, auch wenn er später mit leicht gekrümmtem Stolz zugab: «Ich habe mich dreieinhalb Jahre im Kriege gedrückt, wo ich nur konnte – und ich bedaure, daß ich nicht, wie der große Karl Liebknecht, den Mut aufgebracht habe, Nein zu sagen und den Heeresdienst zu verweigern. Dessen schäme ich mich.»

Nein, von Verweigern kann die Rede nicht gehen. Tucholsky, später im Rang eines hohen Polizeikommissars, lebte angenehm anfangs in der baltischen, später rumänischen Etappe; Mary Gerold, seine spätere Frau, berichtet von Casino-Schlemmereien der Offiziere mit Portionen, von denen in Friedenszeiten eine zehnköpfige Familie satt geworden wäre: «Zuerst gab es eine Tasse Bouillon, dann gebratenes Fleisch, als dritten Gang Gänsebraten mit Äpfeln und Salat und als Schluß Kuchen, dazu französischen Sekt, gute Zigaretten.» So weit, so bereits nicht gut. Tucholsky gab aber auch eine Soldatenzeitung «Der Flieger» heraus, in der es Anfang 1917 hieß: «Die Schriftleitung des ‹Fliegers› (Abteilung I z) gibt gern jede Auskunft über

Kriegssparkarten und Einzahlungen zur Kriegsanleihe.» Ein Heft später dichtete der spätere Pazifist dann über den Hilfskreuzer «Möve»:

Sie strich der Flaggen bunte Reihe
und senkte manchen Kahn zur Ruh...
Das brachte sie zur Kriegsanleihe –
Und du?

Es kommt noch unangenehmer. In einer Rubrik «Briefkasten» seiner Soldatenzeitung – sie war nachgeahmt den «Antworten» in der «Weltbühne» – schrieb er fast dringlich: «Kleiner Zeichner. Doch! Gerade diese ‹paar Mark› nützen. Bei den bisherigen Anleihen haben die kleinen Zeichner – also die nicht mehr als 2000 M gezeichnet haben – insgesamt acht Milliarden aufgebracht. Viele Wenige machen ein Viel! [...] Die Artillerie-Fliegerschule Ost muß und soll rühmlich auffallen – durch die Kriegssparkarten ist es jedem, ausnahmslos jedem Kameraden möglich gemacht, sich mit einem kleinen Betrag zu beteiligen. Es kommt nicht auf die Masse des Geldes, es kommt auf den guten Willen und die gute Gesinnung an! – Patronen ins Gewehr? Granaten ins Rohr? Brot im Magen? Geld in den Beutel, mein Sohn! Zeichne Kriegsanleihe!»

Ein Ruhmesblatt für den später so aggressiv-antimilitaristischen Autor der «Militaria»-Serie in der «Weltbühne» vom Januar 1919 darf man das gewiß nicht nennen; zumal er im April 1918 gar noch das «Verdienstkreuz für Kriegshilfe» an die Uniform geheftet bekam. Einigermaßen wendig wirkt auch, daß Kurt Tucholsky sich im August 1918 mit einem Gedicht «Trotzdem» an einem Preisausschreiben

Tucholsky (links) als Armierungssoldat beim sog. «Schipperbataillon», 1915

der «Frankfurter Zeitung» zum Zeichnen der 9. Kriegsanleihe beteiligte; wendig deshalb, weil Tucholsky sich als Mitarbeiter bei dieser Zeitung in Vorschlag gebracht hatte – die Redaktion jedoch lehnte eine regelmäßige Mitarbeit ab: «Gelegentlich bringen wir Sie gern. Wir hoffen, daß Sie unseren Ton treffen, der, wie Sie wissen, nicht immer so ‹kratzig› ist, wie Sie ihn (manchmal) lieben.»

So also die «Beweislage». Nur gibt sie auch Bedenklichkeiten auf. Zum einen erstaunt, daß der stets so zitatenfreudige wie quellenexakte Polemiker Karl Kraus immer wieder davon spricht, «man höre ja» von Tucholskys Kriegsanleihe-Entgleisungen. Die waren doch aber in aller Öffentlichkeit publiziert und, mehr noch, von Kurt Tucholsky selber mehrmals öffentlich als schmählich – «Ich schäme mich» – eingestanden worden. Es gab da kein belastendes Geheimnis zu lüften. In einem Brief an einen «Weltbühnen»-Leser schreibt Tucholsky 1929: «Was man mir *nicht* vorgeworfen hat, nämlich meine Beteiligung an der Propaganda in Oberschlesien –: die habe ich ebenso freiwillig wie klar öffentlich bereut. Denn das ist ein Fehler gewesen. Im Kriege aber – – da gibt es ein paar dumme Verse, und alles andere, was ich sonst gemacht habe, müßte doch in erster Linie von den Kameraden, die dabei gewesen sind, enthüllt worden sein – denn die haben es ja alles miterlebt. Das ist nun bald zwölf Jahre her – aber bisher wars damit nichts. Ich werde also auf diese Behauptungen nicht eingehen. Kraus ist leichtfertig [...].» Kraus indes läßt nicht locker, spießt immer und immer wieder denselben Fehler auf, verwahrt sich, daß der Berliner Kollege «unter allen Umständen ein flotter Bursche in Deutschland stets mit mir zusammengespannt wird»; er führt, in seiner herrlichen Besessenheit, eine

Karl Kraus, Porträt / Foto Jacobi

sich über Werfels «Prager Judendeutsch», der Jude Werfel attestiert den Verehrern des Juden Kraus «jüdische Masern»; und auch der in Kampen auf Sylt vernarrte jüdische Journalist Siegfried Jacobsohn preist sein Inselparadies in einem Brief an den jüdischen Journalisten Tucholsky, wie glückselig er dort sei, wo keine jüdischen Journalisten auftauchten.

Nun hatte Jacobsohn insofern noch Glück, als «Der Fall Jacobsohn» in der «Fackel» vom Mai 1925 trotz des Kraus-Credos «Meine Rachsucht wird offenbar» weder so umfangreich noch so geschliffen war wie der Angriff auf Werfel. Grundiert ist auch dieser Aufsatz von der immer aufs Neue variierten Verachtung für Jacobsohns Hauptmitarbeiter Kurt Tucholsky, wie sie in einer späteren Glosse deutlich wird: «Um Erich Kästner zu lesen, empfiehlt sich folgendes Rezept: Man lege sich an einem Tag, an irgend einem Tag, es muß nicht eben Sonntag sein, auf ein Sofa –

Bis dahin mache ich mit –

Immerhin wenn ich dann einen Blick hineinwerfe, weil's nun einmal verordnet wird, so muß ich zugeben, daß er, wie alles, was im neuen Deutschland im Schwung ist, sprachlich zwar nicht zu hoch über die Banalität des abgeschilderten Lebens reicht, aber eben darum hoch über den noch beliebteren Tucholsky, der mit Flöte und Fleurett, flott und fett, alles besingt und besiegt, was so der ‹Junggeselle› gegen sich auf dem Herzen hat, und der überall aufliegt, wie Stullenpapier im Grunewald. Sind kesse Jungen, Liebkinder bei den Vossischen und Mossischen wie nicht minder bei den Russischen, und wo Talent ist, macht sich's ja auch mit der Gesinnung.»

Der Überfall auf den «Weltbühnen»-Herausgeber liest

sich weite Strecken hindurch, als wolle Karl Kraus sich zum Gesetz seines Schreibens machen, was Franz Werfel ihn in der Trilogie «Der Spiegelmensch» ausrufen läßt: «Ich will den Stadtklatsch zu einem kosmischen Ereignis machen ... Ich will mit Kalauer und Pathos so trefflich jonglieren, daß jeder, der bei einer Zeile konstatiert, ich sei ein spaßiger Denunziant und Fürzefänger, bei der nächsten zugeben muß, daß ich doch der leibhaftige Jesajas bin.» Der eigentliche Anlaß – oder Vorwand? – ist peripher und heute wie so viele Zeithintergründe von Satiren gänzlich vergessen. Offenbar hatte die «Weltbühne» zwei Verbrechen begangen. Zum einen war ein Gedicht des eher bedeutungslosen Lyrikers Heinrich Fischer – beiläufig: Jahrzehnte später Karl Kraus-Herausgeber – sehr lange liegengeblieben; ein Vergehen, das in der Literaturgeschichte nicht allzu selten registriert werden kann: Hilde Domin mußte noch in den 50er Jahren endlos auf die Veröffentlichung ihres Bandes «Nur eine Rose als Stütze» warten, obwohl mit dem Chef des S. Fischer Verlages befreundet. Um aus dem Vernachlässigungsvergehen einen Mordfall zu machen: Tucholsky hatte die Zeilen von Fischer «in Technik und Reimart» in die Nähe des – von ihm sehr verehrten – Christian Wagner gerückt. Genau besehen, eher ein Kompliment als ein Plagiatsvorwurf. In den Augen von Karl Kraus eine «Verdächtigung des Herrn Tucholsky», und «man wird nicht leugnen können, daß dieser schlichte Tatbestand weit eher einen anderen Anschein wecken mußte: den des erbärmlichen Versuches, einen jungen Schriftsteller, der zum eigenen Schutz der krampfhaft gehaltenen Autorität des Herrn Jacobsohn nahegetreten war, abzuwürgen». (Fischer hatte einen Anwalt bemüht.) Karl Kraus muß sein eigenes hübsches Bonmot vergessen haben: «Stören Sie mich nicht. Ich schreibe gerade einen Artikel, der nie erscheinen wird. Morgen.»

Der zweite Kriminalfall, für den Siegfried Jacobsohn zumindest verbal verhaftet werden sollte, läßt sich heute kaum mehr aufklären. Offenbar hatte eine Recherche der «Weltbühne» ergeben, daß ein Wilhelm Herzog – Herausgeber der Zeitschriften «Republik» und «Forum» – «Arbeitergelder unterschlagen habe». Klagen, Gegenklagen gingen hin und her, Beweise und Gegenbeweise wurden von Anwälten erbracht. Zeitungen nahmen sich der Affäre an, Siegfried Jacobsohn nahm in der «Weltbühne» Stellung: «Diese Gefahr, die keine ist, will ich laufen. Verhandeln wir los!» In diese Vergessenheit ist von heute kaum hineinzuleuchten. Es sind zwei Briefe von Siegfried Jacobsohn an Kurt Tucholsky aus dem Juni 1925 erhalten, in denen er so amüsiert wie energisch, am Ende sogar nobel Stellung bezieht: «Zu lustig, wie dieser Ankläger der Presse die 18 Seiten über mich mit nichts als objektiven Unwahrheiten füllt, die er sich von den Herren Fischer und Herzog hat zutragen lassen, und die er ohne jede Prüfung trotz innerer Unglaubwürdigkeit als Positiva in seine Rechnung einstellt. Er wird selbstverständlich nicht erleben, dass ich mit einer Silbe hierauf oder auf die Fortsetzungen – das geht jetzt jahrelang – erwidere, und wenn er zerspringt. [...] Über Karl Krausen sind wir einig. Nicht nur in dem einen Punkt hat er sich auf trübe Hintermänner verlassen, sondern so ziemlich in jedem Punkt. Lassen wir ihn ungestört verfaulen. Ich nenne seinen Namen nicht mehr. Wenn ihn Mitarbeiter zitieren oder loben, lass ichs stehen. Nur Tadel würde ich streichen.»

Nun geht es – heute – gar nicht darum, wer in der Sache

recht hatte. Es geht um das «Wie», auch um ein «Wieso». Gab es nicht wichtigere Gegner? Wenn Karl Kraus mit einem einigermaßen kühnen Komparativ sie «immer magenumdrehender» findet, die «Anwendung eines hinweisenden Fürworts ‹zu diesem Deutschland›, ‹zu diesem Seeckt›, ‹zu dieser Revolution› – das alles bei Feind Siegfried Jacobsohn, dem er einen «an Morphinismus grenzenden Drang nach ‹Vorknöpfen›» bescheinigt: da bleibt immerhin die Frage, ob es nicht, gar gemeinsam, Anlaß genug gab, jenes Deutschland, jenen Seeckt, jene Revolution zu brandmarken. Was mag diesen Furor gefüttert haben, mit dem Kraus sich verbittet, «daß in der ‹Weltbühne› auch nur eine Annonce meiner Vorlesungen erscheine, wenn ich deren Lob schon nicht verhindern konnte».

Sieht man genau hin, dann fallen – häufig wiederholt – einige dann doch merkwürdige Begriffe auf. Der «beliebtere» oder «berühmtere» Kurt Tucholsky – und eben jene «Vorlesungen». Die waren aber in Berlin selten, dort, wo der Versuch, die «Fackel» mit einer deutschen Ausgabe zu etablieren, fehlgeschlagen war. Tucholsky aber war ein Star, um dessen Texte – interpretiert von den renommierten Künstlern der Zeit – sich die Kabaretts rissen, und die «Weltbühne» hatte insofern ein größeres Publikum als es die geringe Auflage vermuten ließ, als es im ganzen Reichsgebiet wöchentliche Versammlungen von «Freunden der ‹Weltbühne›» gab, von Mainz bis Königsberg, von Miesbach bis Breslau. Gar nichts hat das mit mangelnder oder auch vergleichsweise minderer Begabung zu tun. Kein Vernünftiger wird die an Sprachwut grenzende Genialität eines Karl Kraus leugnen. Aber jeder Literat weiß auch: Niemand wird gerne von einem aus derselben Gilde gelobt, es hat so den

Beigeschmack von «der schwingt sich auf». Auffällig allerdings ist, wie für des Sprachmagiers Karl Kraus Verhältnisse ungelenk sich seine Siegfried Jacobsohn-Polemik liest; fast so, als wolle er sich unbewußt bremsen. Selbst die Abschlußpointe verrutscht ihm: «Ein Siegfried, der noch keinen Regenwurm überwunden hat; aber mit dicker Haut.» Damit macht er letztlich die beiden, zu deren Ehrenrettung er doch antrat – Fischer wie Herzog –, statt zu leichtfertig hingemordeten Drachen zu Regenwürmern.

Ebenso seltsam wirken die Fehleinschätzungen vermeintlicher Duell-Situationen. Zu einem Vortrag, den er 1925 in Paris hielt, erwartete Karl Kraus offensichtlich den Canossagang eines Abbitte leistenden Kurt Tucholsky, der sich dringlich um eine Begegnung bemühe: «Als ich nach Paris kam, wurde mir der Wunsch des dort weilenden Herrn Tucholsky nach einer Begegnung übermittelt, des Mannes, der die ‹Weltbühne› mit vielfach pseudonymer Gewandtheit bedient, aber als Wrobel eine wirklich tüchtige und mutige Antikriegsleistung vollbracht hat [...].» Tucholsky aber dachte gar nicht daran, den Vortrag zu besuchen und hatte auch durch keinerlei Mittelsmann um die Audienz ersucht. Vielmehr schreibt er an Siegfried Jacobsohn: «Wie Du aus dem beiliegenden Ausschnitt siehst, befindet sich Karl Kraus in Paris. Mehring trat sehr feierlich auf mich zu und teilte mir mit, daß ihn Kraus mit folgenden Worten begrüßt habe: wissen Sie schon, daß ich mit Jacobsohn verkracht bin? – Diese wichtige pariser Neuigkeit wußte Mehring noch nicht, und jener setzte ihm auseinander, daß das auch meinetwegen sei. [...] Ich wollte nun erst zu seinem zweiten Vortrag hingehen und ihn direkt stellen. Ich habe mir aber dann die Sache genau überlegt und bin zu folgendem Resultat gekommen: Dieser Mann ist komplett meschugge. Da er im Privatleben keinen Humor hat, und es ganz ausgeschlossen ist, mit ihm über diese Nichtigkeit so zu reden, wie die Sache sie verdient, wäre er im Stande mich zu brüskieren. Das wäre mir an sich gleichgültig, aber erstens paßt mir das vor Mehring nicht und zweitens nicht vor Franzosen. [...] Wenn auch nur die Hälfte von dem wahr ist, was Mehring über ihn erzählt, so hat er sich hier benommen wie ein übergeschnappter Provinzschauspieler.»

Nach dem dringenden Begehr, eine Begegnung herbeizuführen, hört sich das nicht an. Und der Antwortbrief von Siegfried Jacobsohn wenige Tage später wirkt auch nicht sehr zerknirscht: «Über Deine Krausiana (Karl Kraus) habe ich sehr gelacht. Hoffentlich bist Du nicht hingegangen. Er hätte Dich bestimmt brüskiert. Ich habe einmal im Künstlerzimmer mit angesehen, wie er den Glaser (von Nelson) behandelt hat und noch in der Erinnerung dreht sich mir der Magen herum. Im übrigen wollen wirs abwarten. Wenn er uns vornimmt, so werde ich entweder antworten oder nicht antworten. Und wenn ich antworte, so wird es ein Hauptspass werden.» Mal also leicht lächerliches Geplänkel; mal peitschenknallende Erbostheit über vermeintlich clandestines Fehlverhalten; mal Abwehr einer bei den Lesern gemutmaßten Kumpanei: Gegnerschaft fast durchweg. Satyrspiel und Tragödie in einem. Wie in vielen Dramen wurden auch hier Duelle ausgetragen. Doch wäre das spitzige Florett – in wessen Hand der Kontrahenten auch immer – einer besseren, recte: böseren Sache wert gewesen: dem immer hörbarer werdenden Säbelrasseln der Reaktion. Die verschlang sie alle, die «Herren» von «Fackel» wie «Weltbühne».

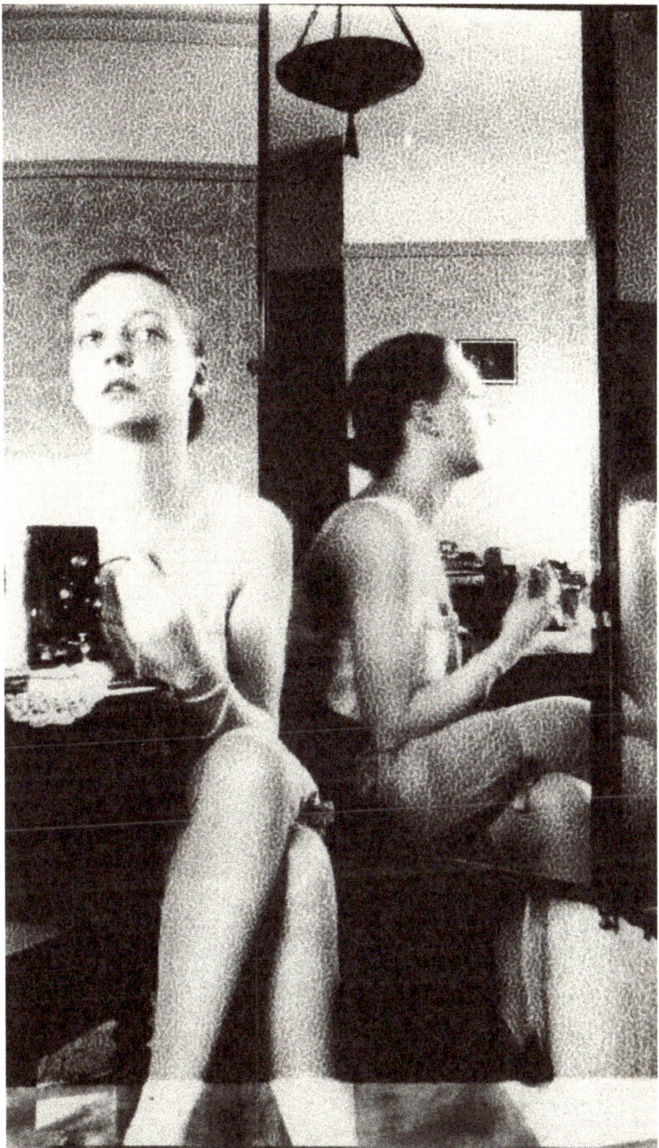

Mary Tucholsky,
Selbstporträt um 1925

Doch zurück zu des Dramas Hauptaktion. Zurück zur großen Bühne, von der Max Reinhardt einmal gesagt hat, sie sei der selige Schlupfwinkel derer, die ihre Kindheit heimlich in die Tasche gesteckt und sich damit auf und davon gemacht haben.

Als endlich im Oktober 1926 in Fontainebleau ein alter Kardinalssitz mit 15 Zimmern gefunden ist, weit vom quirligen Paris, das er so vermißt wie er das verhaßte Berlin geliebt (und glänzend abgebildet) hat: ist es zu spät.

Am 9. Dezember 1926 stirbt Siegfried Jacobsohn. Tucholsky eilt sofort nach Berlin, übernimmt die Leitung der «Weltbühne» – bis Mai 1927; rasch erkennt er, daß er Dirigent weder ist noch sein will, daß er Solist ist. Er übergibt das «Blättchen», wie er die Zeitschrift liebevoll zu nennen pflegte, an Carl von Ossietzky. Und er übergibt sich selber einer anderen Frau. Im Januar 1927 lernt er auf einem Künstlerball Lisa Matthias kennen. Es wird eine ernsthafte Liaison – derweil Mary das große Haus in Fontainebleau auflöst; während er umherreist zwischen Hamburg, Lüneburg und seiner für kurze Zeit angemieteten Wohnung in Berlins Duisburgerstraße 16 (fast immer begleitet von Lisa Matthias), ist Mary in Dänemark und Riga. Zurück in Paris, mietet sie im Oktober 1927 eine Wohnung an der Place Wagram Nr. 1 – wo ihn alsbald die später als «Das Lottchen» von ihm Konterfeite – also Lisa Matthias – besucht; mit ihr macht er eine Südfrankreich-Reise (Blois, Orléans, Tours). Mary macht drei Monate «Urlaub» (in Italien, Belgien, Frankreich). Tucholsky hat nicht nur betrogen, er hat verraten. Mir jedenfalls scheint das offizielle Auftreten mit seiner Geliebten – ob in Berlin oder Seit' an Seit' bei Vortragsreisen in Hamburg, Köln, in Schleswig-Holstein

– weit hinauszugehen über den (üblichen?) Seitensprung eines verheirateten Mannes. Am verächtlichsten vielleicht die neue Kumpanei mit seinen beiden «Männerfreunden» Karlchen und Jakopp, die doch enge Vertraute von Mary sind, gleichsam «Familie». Das früh geahnte Leid, das der Liebe folgt, buchstabiert sich vorläufig noch unerfreulich munter: «Unsereiner ist immer der Koküh», wagt Tucholsky der Hintergangenen zu schreiben, und: «Ich rede mit keinem Menschen».

Am 20. November 1928 verläßt Mary ihren Mann, fährt zurück nach Berlin. Er soll ihr zugestanden haben: «Du springst im richtigen Moment vom Schiff». Sie sagte mir – ich war mit der Frau ein Vierteljahrhundert befreundet –: «Ich habe nichts gewußt, ich habe es gerochen; und ich kann nicht teilen.» Ihr Abschiedsbrief – Tucholsky hat ihn zeitlebens, zu Fetzen zerknüllt, in seiner Brieftasche bewahrt – ist herzzerreißend:

«[...] immer wieder setzt sich einer seit elf Jahren in den Zug und fährt fort, und immer wieder blutet es von Neuem. Ist sein Beuteltier, ist der Pygmalion, hat erzeugt und reißt sich jetzt los mit ungesäumten Ohren. Geht fort auf zitternden Beinen und hat Angst vor dem Leben und vor allen fremden Menschen und vor dem Alleinsein. Aber es war zu groß u. zu schön als es anfing, um es häßlich enden zu lassen. Kommt, wenn braucht und ruft – ist der rote Faden.»

Es gibt andere Briefe, bis heute unveröffentlicht, und die sprechen eine sehr andere Sprache: Briefe von Lisa Matthias an Freundinnen und, nicht zuletzt, an Karlchen und Jakopp. Diese Frau war nämlich keineswegs ein nach Münzen schnappender Betthase. Kühl-abweisend war sie gewiß auch nicht, eine in Liebesdingen erfahrene Frau allerdings,

Tucholsky mit Lisa Matthias
in Läggesta/Schweden, 1929

selbständig (durch eigene journalistische Arbeit), ihre berlinisch-schnelle Frivolität würde man heute vielleicht emanzipiert nennen. Mag sein, daß sie taktisch vorging, als sie an den in Berlin einsamen Berühmten geriet; noch dazu einer der bestbezahlten Journalisten der Weimarer Republik; aber Takt hatte sie auch, wenn sie sich etwa beschwert, wie Tucholsky sie unter dem Vorwand geschäftlicher Verhandlungen mit einem alten Freund ganz unnötigerweise belogen und betrogen hat: «Also mir sass das Weinen näher als das Lachen, nicht wegen ‹beleidigter Stolz› ach Gott ... nee, weil ich die Art so scheusslich ungraziös finde und mich schäme, das (sic) ich das erfahren habe! [...] Ich bin doch weiss Gott nicht für ‹Treue› auf Deubel komm raus und habe selbst genug Dreck am Stecken und das schon vor daddy, aber ich habe immer gesagt, es müsse mit Grazie geschehn, nicht so!»

Verblüffend ist die gewisse Fairness gegenüber der «Madame», wie sie Mary häufig nennt – die Tucholsky einerseits nicht zurückholen wollte, in deren großem Bett er anstandslos in Paris mit «Lottchen» schläft («Ich finde ihn ja auch viel besser ohne sie») und die er nach Berlin einlädt, wo Mary sich gerade aufhält. Mary hat ihn – mir gegenüber – immer als «einen Herrn» bezeichnet; «so durch und durch sauber» notierte sie in Autz. In diesen hier herangezogenen Briefen und Dokumenten ist er das nicht: «[...] er wundert sich nun und brüllt und schimpft, dass ich nicht heiterste Miene zu all dem mache und dass ich kaltschnäuzig ziemlich eindeutige Gemeinheiten sage und dass ich keine Lust zum vögeln habe. Die Sache ist doch die. Ich bin nicht ausgehungert genug um nur des Vögelns wegen Freude an dem Betrieb zu haben – – – und so ‹auf Abbruch› interessiert mich nur eventuell ein Mann wie Suhrkamp – – – den ich körperlich gern habe – – aber ‹auf Abbruch› egalweg mit Daddy – – – – Gott helfe mir, es macht mir keinen Spass und es ist so verwunderlich, weil es sich doch nicht um Liebe im Sinne von früher handelt.»

Es taucht hier ein Mensch auf, der wollen will, was er nicht will, und haben = behalten möchte, was er hat, aber nicht behalten = bewahren kann. Die Bindung an Mary ist nicht imaginär, sondern real; aber es ist eine seelische Bindung, die er ausklammert, weil er aus dem Staat der Phallokratie nicht ausreisen mag. In dem will er sich tummeln – mit dem Sehnsuchtsblick nach einer Insel immerdar. «Sie hat es satt und er gönnt sie keinem andern» ist ein so knappes wie kluges Fazit vom «Lottchen». Dieses so selbstbewußte «Lottchen», das sich aber den Eigenwert auch nicht abhandeln lassen mag, hat den Verstand nicht auf dem Nachttisch abgelegt: «Ich habe es doch wahr und wahrhaftig nicht auf ein von Madame abspenstig machen abgesehn, aber wenn er doch nicht mehr mit ihr schläft und ihn grade das verstimmt, denn soll er doch zum Kuckuck sehn dass er weg kommt. [...] Was Fritzchen seit neuster Zeit immerzu mit mir und meiner Treu hat, versteh ich auch nicht. Ich bin doch wirklich bisher so gut wie treu gewesen, aber er braucht doch nicht im Hinblick auf mich in Paris Schluss zu machen. Von Anfang an war unsere Liaison ‹auf Abruf› gedacht und ich bin die Allerletzte, die mit Ewigkeitsgefühlen ‹rechnet›.»

Es ist ein Zerrspiegel. Es ist Pastorale und Pathétique in einem. Im Hintergrund sieht man immer diese Frau – noch in Paris, aber alleine –, die sich so lange verweigert hat, die ihr Lebensglück zu finden gehofft hatte, ein Mensch voller

Kurt Tucholsky
in Paris, 1928

Anstand, Würde und des großen, reinen Gefühls; und auf dem Karussell vor dem Spiegelzelt sieht man einen traurigen Hoppe-Hoppe-Reiter («So mit richtig ‹vom Bett weg› ins andere»), von dem Lisa Matthias nach immerhin vier Jahren sagt: «Außerdem ist der Dicke einer Leidenschaft wohl kaum fähig», den sie in «furchtbaren Depressionen mit Weinen und Schluchzen» erlebt, um am nächsten Tag einen Packen Briefe zu finden: in dem hat er Marys und ihre zusammen verschnürt und verwahrt. Noch 1931 schreibt sie entgeistert an Karlchen: «Ich *will* nicht seinen Zusammenbruch – ich sehe ihn [...] Er ist und bleibt verhurt. Nichts als das. Und es wird immer schlimmer.» Ziemlich am selben Tag erhält Mary in Berlin von Tucholsky aus England einen hochnoblen Brief, in dem er mit ihr ganz sachlich die Scheidung erörtert und ihren Satz «Ich will überhaupt nichts» zurückweist mit einem «Er *kann* überhaupt gar nicht so einfach verzichten. Das schreibe ich ausdrücklich, um auch den leisesten Anschein zu vermeiden, als wollte ich dergleichen erschleichen.»

Wie fügt sich all das zusammen? Zu einem Konterfei? Einerseits – noch aus dem Jahre 1967 – ein Brief von Lisa Matthias «Er hatte keine Phantasie ... ausserdem war er ein EISKALTER Mensch»; andererseits der Mann, dem wir die schönsten Liebesbriefe verdanken, brillante Essays des sozialen Mitleids und geradezu unheimlicher Prophezeiungen des kommenden nationalen Unheils? Es fügt sich nicht zusammen. Das ist das Unerhörte, wenn man so will, Großartige an der Figur Tucholsky – als Künstler ist er ein Ganzes, als Mensch ein Zerrissener. Irgendwann wird ihm Mary voller Befremden wie Bewunderung sagen, wie unfaßlich es sei, daß er das Leid der Proletarier so voll mitleidender Emphase schildern kann, während er doch, ein Mann der Maßanzüge und Kenner von Burgunderjahrgängen, zutiefst ein Bürger sei. Tatsächlich hat Tucholsky nie je einen Anzug zwei Mal getragen, und noch in der Emigration reiste er mit so riesigen Schrankkoffern, daß nur mehrere Dienstleute sie schleppen konnten. Aber unvergänglich bis auf den heutigen Tag – zumal, wenn es vom Barrikaden-Caruso Ernst Busch vorgetragen wird – ist sein Gedicht «Bürgerliche Wohltätigkeit»:

Sieh! Da steht das Erholungsheim
einer Aktiengesellschafts-Gruppe;
morgens gibt es Haferschleim
und abends Gerstensuppe.
Und die Arbeiter dürfen auch in den Park …
Gut. Das ist der Pfennig.
Aber wo ist die Mark –?

Sie reichen euch manche Almosen hin
unter christlichen frommen Gebeten;
sie pflegen die leidende Wöchnerin,
denn sie brauchen ja die Proleten.
Sie liefern auch einen Armensarg …
Das ist der Pfennig. Aber wo ist die Mark –?

Die Mark ist tausend- und tausendfach
in fremde Taschen geflossen;
die Dividende hat mit viel Krach
der Aufsichtsrat beschlossen.

Für euch die Brühe. Für sie das Mark.
Für euch der Pfennig. Für sie die Mark.

Proleten!
Fallt nicht auf den Schwindel rein!
Sie schulden euch mehr als sie geben.
Sie schulden euch alles! Die Länderein,
die Bergwerke und die Wollfärberein …
sie schulden euch Glück und Leben.
Nimm, was du kriegst. Aber pfeif auf den Quark.
Denk an deine Klasse! Und die mach stark!
Für dich der Pfennig! Für dich die Mark!
Kämpfe –!

Selbst die «Endstation», das Domizil des Exilanten in Schweden, war noch eine elegant eingerichtete Villa mit schweren Portieren, Mahagony-Möbeln, Eßzimmer, Bibliothek – und «eingebauter» Geliebten. Das war die Haushälterin; sie mußte allerdings das Haus verlassen, wenn die andere Geliebte, die Züricher Ärztin Dr. Hedwig Müller, zu Besuch kam. Ihr gelten die Briefe der letzten Jahre. Sie sind im Ton nahezu identisch mit den früheren Briefen – an Mary. Auch noch mit denen, zieht man frivole Plänkeleien ab, der späten Jahre. Denn nun hat Tucholsky die Mary, die ihm am liebsten ist; die seine wahre Liebe bleibt: vorhanden, aber nicht gegenwärtig. Ferne Nähe.

Die Scheidung von Mary Tucholsky im August 1933 – seit Januar ist Hitler Reichskanzler, im Februar brennt der Reichstag, im selben Monat noch kommt Ossietzky ins KZ und am 10. Mai werden Tucholskys Bücher mit denen vieler anderer antifaschistischer Schriftsteller verbrannt –, diese Scheidung war ja im Grunde nur der juristische Vollzug der fast schon fünf Jahre währenden Trennung. Sie war auch ein Politikum. Tucholsky war einer der bestgehaßten Hitlergegner, seinen Namen zu tragen extrem gefährlich. Else Weil – die sich auch nach ihrer Scheidung weiter Tucholsky genannt hatte – nahm bereits im März 1933 wieder ihren Mädchennamen an. Mary Tucholsky bekam sehr bald «Besuch» von der Gestapo mit immer dringlicher drohenden Fragen «Wo ist Ihr Mann?». Der Erhalt seiner sämtlichen Briefe an sie ist einem abenteuerlich zu nennenden Umstand zu verdanken. Sie hatte den Packen Briefe in ihrem Kleiderschrank versteckt, und als der Gestapo-Beamte diesen bei einer Hausdurchsuchung öffnete, herrschte sie den an: «Wollen Sie ernsthaft die Wäsche einer Dame durchwühlen?» Das gab es damals noch – der Mann bekam einen roten Kopf und schloß die Schranktür (und Mary vergrub später die Briefe). Es war also einerseits diese Scheidung ein ziviler Vorgang, wie Tucholsky ihn sah: «Eilig ist nichts. Selbstverständlich wäre es doch keine Schande, wenn einer von uns die Absicht äußerte, sich wieder zu verheiraten. Ich habe diese Absicht nicht. Es ist weit und breit keine da, die dafür in Frage käme – ich suche auch keine – also das ist es nicht. Ich halte es nur unter den obwaltenden Umständen für sauberer und reinlicher, einen Zustand herzustellen, der dem der Wirklichkeit entspricht. Ich komme mir so ein ganz kleines bißchen komisch vor – und Er sich wahrscheinlich auch. Nochmals: Eile habe ich nicht, und Er kann sich befragen oder was auch immer tun – ich will nur erst mal hören, wie Er überhaupt dazu steht.

Ulkiges Land, Deutschland – wie?

Mit allen guten Wünschen

Sein alter
Nungo»

Es war andererseits aber auch eine Schutzhandlung. Mary nimmt im Dezember 1933 ihren Mädchennamen Gerold an – und kann nun bei jedem Verhör glaubhaft versichern, seit Jahren getrennt, nun auch geschieden und ohne jeden Kontakt zu Tucholsky zu sein.

Was der Wahrheit nicht entsprach. Die Jahre hindurch – vorhanden, aber nicht gegenwärtig – wendet sich Tucholsky an Mary: vor allem immer wieder mit Bitten um Rat – «Ich kann kaum jemand anders fragen» –, oft geht es um politische Prozesse, die gegen ihn, die «Weltbühne» oder Ossietzky angestrengt werden: «Lohnt es sich zu kommen?»

(Tucholsky lebt ja seit vielen Jahren nicht mehr in Deutschland.) «Dafür spricht, das Blatt ‹nicht im Stich zu lassen›. Ob gleich mit meinem Kommen nicht viel getan ist. Dagegen spricht eben: Prügel, vielleicht mehr – Haft und so weiter.» Allein ein solcher Brief, 29. März 1932 aus Le Lavandou, ist Zeugnis für das tiefe Vertrauensverhältnis. Das Band der Zusammengehörigkeit in gegenseitig menschlichem Respekt ist nicht zerrissen. Gefesselt von Dämonen sind diese beiden nicht mehr. Gebunden bleiben sie aneinander bis über den Tod hinaus.

Tucholsky – das leicht vertratschte Karlchen hatte recht – setzt seine geschiedene Frau testamentarisch als Alleinerbin ein. In seiner Verfügung bittet er sogar überlebende Verwandte, auf ihr Erbteil zu verzichten. Nur: im Jahr 1934/1935 besaß Tucholsky nichts Vererbbares, kein Geld, das Haus war gemietet. Was er besaß, war das Urheberrecht an seinem Werk. Da ist eine Sonderbarkeit zu bemerken. Zum einen war zu diesem Zeitpunkt überhaupt nicht abzusehen, wie lange die Naziherrschaft – jetzt auf dem Höhepunkt der Macht und der Akklamation in der deutschen Bevölkerung – währen würde. Nahm der im Exil Verzweifelte an, daß seine verbotenen und verbrannten Bücher doch noch eines Tages wieder frei verlegt und verfügbar sein würden? Sonst hätte ein Vermächtnis des Urheberrechts keinen Sinn. Sonderbar auch ist, daß er dieses ihm so wichtige Erbe einem Menschen übergab, der ja in Nazideutschland lebte; während er doch immer wieder betont hatte, er könne niemanden akzeptieren, der «dort» überhaupt leben, es aushalten konnte im Nazireich: «… ich für meinen Teil also lehne jeden, aber auch jeden ohne Ausnahme radikal ab, der das bejaht, der dort mitmacht, ja, schon den, der dort

Mary Tucholsky, 1948

leben kann.» Er bemißtraut die Schwester des (ebenfalls emigrierten) Freundes Walter Hasenclever: «... ich hatte immer so ein Gefühl: sie kann es also aushalten. Hm», und selbst über Karlchen heißt es: «Kallchen schreibt nicht mehr. Ist er auch hinüber?»

Tucholsky lebt in Schweden (das ihm die Einbürgerung verweigert), versorgt von der in jeder Hinsicht «praktischen» Haushälterin Gertrude Meyer. Er hat eine Liebesbeziehung mit der Züricher Ärztin Dr. Hedwig Müller, der er Liebesbriefe schreibt, die er häufig besucht, die gelegentlich in Schweden bei ihm zu Gast ist, ihn finanziell unterstützt und mit der gar eine Heirat geplant ist. In der Schweiz gab es durchaus Verlage, die in Deutschland verbotene Literatur publizierten. Doch nicht dorthin vergab er seine Rechte. Er vergab dorthin überhaupt nichts; die in mal zärtlichen, mal frivolen, mal tief melancholischen Briefen «Nuuna» titulierte Medizinerin erhielt – gar nichts. Keinen Abschiedsgruß, kein Andenken, keinen Ring oder «Marmoraschbecher» zur Erinnerung. In sein nach Georg Christoph Lichtenberg benanntes «Sudelbuch» trug dieser unergründliche Mann, dem Urgrund seiner inneren Existenz einen Nachhall verleihend, am 7. November 1935 ein: «Ich habe nur eine Frau in meinem Leben geliebt und ich werde mir nie verzeihen, was ich ihr angetan habe.» Dieses «Nie» währte einen Monat. Kurz bevor Kurt Tucholsky am 19. Dezember 1935 das Gift nahm, an dem er zwei Tage später starb, schrieb er diesen Abschiedsbrief an die große Liebe seines nun verlöschenden Lebens, an Mary. Es ist eines der unvergeßlichen Briefdokumente der modernen Literatur.

«Liebe Mala,
will Ihm zum Abschied die Hand geben und Ihn um Verzeihung bitten für das, was Ihm einmal angetan hat.

Hat einen Goldklumpen in der Hand gehabt und sich nach Rechenpfennigen gebückt; hat nicht verstanden und hat Dummheiten gemacht, hat zwar nicht verraten, aber betrogen, und hat nicht verstanden.

Ich weiß, daß Er nicht rachsüchtig ist. Was er damals auf der Rückfahrt nach Berlin durchgemacht hat; was er späterhin gewesen ist –: ich habe es reichlich abgebüßt. Ganz klar, so klar wie das Abbild in einem geschliffenen Spiegel, ist mir das ganz zum Schluß geworden. Nun kommt alles wieder, Bilder, Worte, diese unsäglichen nuits blanches, die ich mir völlig bis auf den heutigen Tag nur damit erklären kann, daß ich es zu hoch angefangen habe, so daß jede Berührung mit der Erde wie eine Entweihung war – die paar Male, wo ich Ihn gefühlt habe, wie nur ein Mann eine Frau fühlen kann, und wie ich Ihn habe gehen lassen – jetzt, wo alles vorüber ist, weiß ich: ich trage die ganze, die ganze Schuld.

[…]

Wäre Er jetzt gekommen, Er hätte nicht einen andern, aber einen verwandelten, gereifteren gefunden. Ich habe über das, was da geschehen ist, nicht eine Zeile veröffentlicht – auf alle Bitten hin nicht. Es geht mich nichts mehr an. Es ist nicht Feigheit – was dazu schon gehört, in diesen Käseblättern zu schreiben! Aber ich bin au dessus de la mêlée, es geht mich nichts mehr an. Ich bin damit fertig.

Und so viel ist nun frei geworden, jetzt, jetzt weiß ich – aber nun nützt es nichts mehr. Hat anfangs Dummheiten gemacht, den üblichen coup de foudre für 2.50 francs, halb-

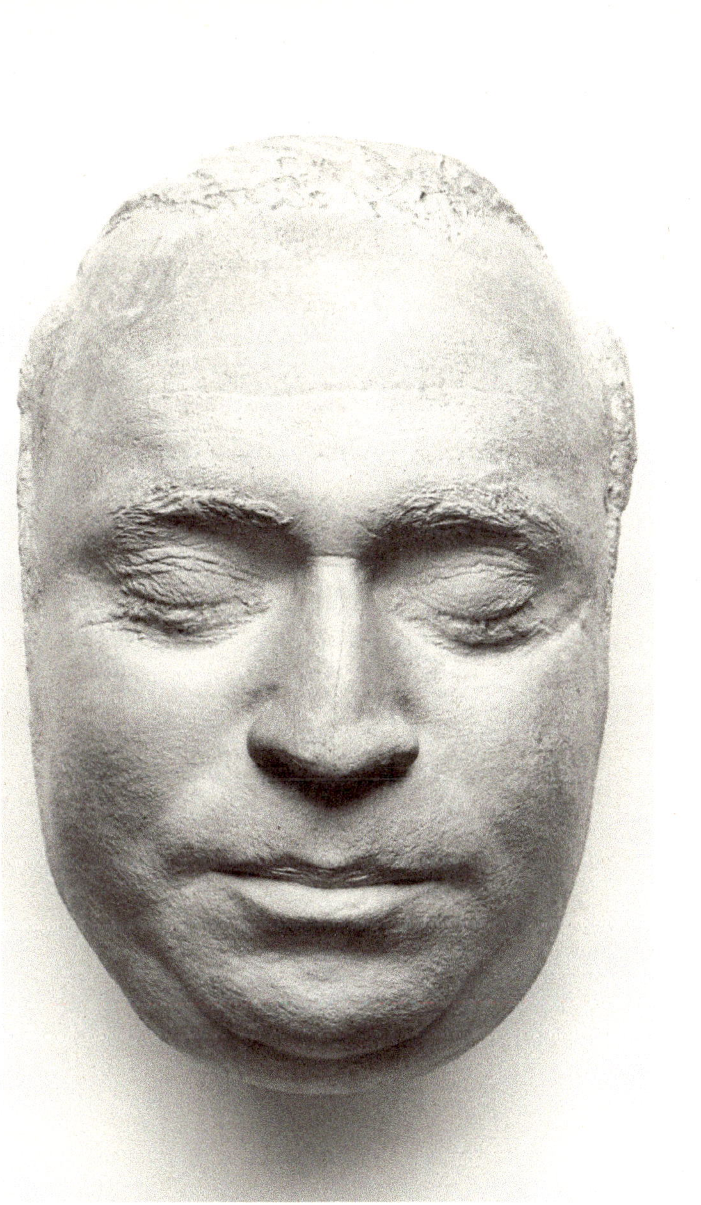

Totenmaske
von Kurt Tucholsky

Brief und Testament überbrachte Hedwig Müller, die als neutrale Ausländerin ungehindert durch Deutschland reisen konnte, Mary Tucholsky nach Berlin; sie war sofort nach der Todesnachricht nach Hindås gefahren, um beim Auflösen des Haushalts zu helfen. Den ominösen Zettel, der angeblich auf Tucholskys Nachttisch gelegen haben soll – «Laisse moi mourire en paix» – hat auch sie nicht gefunden. Sie blieb auch nach Kriegsende in losem Kontakt mit Mary Tucholsky, gestattete die Edition der Briefe an sich («Briefe aus dem Schweigen 1932–1935. Briefe an Nuuna, Rowohlt 1977) und übergab in den 70er Jahren Kurt Tucholskys Totenmaske – die sie hatte anfertigen lassen – an Mary Tucholsky. Hedwig Müller verstarb 1973 in Zürich.

Mary Tucholsky, geboren am 28. November 1898 in Mordangen bei Riga, starb am 16. Oktober 1987 in Kreuth. Sie hatte nach Antritt des Erbes den Namen Tucholsky wieder angenommen – zog gleich nach Ende der sowjetischen Berlin-Blockade 1948 nach Rottach-Egern am Tegernsee. Die Prophezeiung einer Wahrsagerin aus dem Jahr 1933, «76 Jahre lang werden Sie nur einen einzigen Mann lieben», löste sie durch ihre Arbeit zum Gedenken an Kurt Tucholsky ein. Sie schuf dort in ihrem Haus in Rottach das «Kurt Tucholsky-Archiv», das sie ab 1975 peu à peu qua Schenkung dem Deutschen Literaturarchiv in Marbach am Neckar überließ, und verantwortete oder initiierte zahlreiche Editionen seiner Werke. 1969 gründete sie die Kurt Tucholsky Stiftung, in die sie Teile ihres Privatvermögens sowie das Urheberrecht am Werk Kurt Tucholskys (das im Dezember 2005, 70 Jahre nach seinem Tod, erlosch) und die

Erlöse daraus einbrachte. Mary Tucholsky starb 1987 kurz vor Vollendung ihres 88. Lebensjahres und liegt in Rottach begraben.

Else Weil emigrierte 1939 nach Frankreich, anfangs nach Paris, lebte nach Ausbruch des Krieges in der sogenannten «freien Zone» in St. Cyr im Südosten Frankreichs. Im August 1942 wurde sie bei einer Razzia verhaftet, in das Lager Les Milles verbracht und als «Nr. 49» in einen Transport von 1000 Juden gesperrt. Sofort nach dessen Ankunft in Auschwitz wurde Else Weil vergast.

Einzelausgaben zu Lebzeiten

Kurt Tucholsky: Rheinsberg. Ein Bilderbuch für Verliebte. Axel Juncker, Berlin-Charlottenburg 1912.

Ignaz Wrobel: Der Zeitsparer. Grotesken. Reuss und Pollack, Berlin 1914.

Theobald Tiger: Fromme Gesänge. Mit einer Vorrede von Ignaz Wrobel. Felix Lehmann, Berlin-Charlottenburg 1919.

Kurt Tucholsky: Träumereien an preußischen Kaminen. Felix Lehmann, Berlin-Charlottenburg 1920.

Peter Panter: Ein Pyrenäenbuch. Die Schmiede, Berlin 1927.

Kurt Tucholsky: Mit 5 PS. Rowohlt, Berlin 1928.

Kurt Tucholsky: Deutschland, Deutschland über alles. Montiert von John Heartfield. Neuer Deutscher Verlag, Berlin 1929.

Kurt Tucholsky: Das Lächeln der Mona Lisa. Rowohlt, Berlin 1929.

Kurt Tucholsky: Lerne lachen ohne zu weinen. Rowohlt, Berlin 1931.

Kurt Tucholsky: Schloß Gripsholm. Rowohlt Verlag, Berlin 1931.

Tucholsky-Ausgaben nach 1945

Kurt Tucholsky: Gesamtausgabe. Texte und Briefe. Hrsg. von Antje Bonitz, Dirk Grathoff, Michael Hepp, Gerhard Kraiker. 22 Bände, Rowohlt, Reinbek 1996ff.

Kurt Tucholsky: Gesammelte Werke in 10 Bänden. Hrsg. von Mary Gerold-Tucholsky und Fritz J. Raddatz. Rowohlt, Reinbek 1975.

Kurt Tucholsky: Deutsches Tempo. Gesammelte Werke. Ergänzungsband 1. Hrsg. von Mary Gerold-Tucholsky und Fritz J. Raddatz. Rowohlt, Reinbek 1985.

Kurt Tucholsky: Republik wider Willen. Gesammelte Werke. Ergänzungsband 2. Hrsg. von Fritz J. Raddatz, Rowohlt, Reinbek 1989.

Kurt Tucholsky: Ausgewählte Werke. Bd. 1–6. Hrsg. von Roland Links. Volk und Welt, Berlin 1969–1973.

Tucholsky. Ein Lesebuch für unsere Zeit. Hrsg. von Roland Links. Aufbau, Berlin, Weimar 1990.

Tucholsky Lesebuch. Wir Negativen. Hrsg. von Hans Prescher. Rowohlt, Reinbek 1988.

Kurt Tucholsky: Drei Minuten Gehör. Prosa, Gedichte, Briefe. Hrsg. von Hans Marquardt. Reclam, Leipzig 1968.

Kurt Tucholsky: Gruß nach vorn: eine Auswahl. Hrsg. von Erich Kästner. Rowohlt, Stuttgart 1946.

Kurt Tucholsky: Panter, Tiger & Co. Eine neue Auswahl aus seinen Schriften und Gedichten. Hrsg. von Mary Gerold-Tucholsky. Rowohlt, Hamburg 1965.

Kurt Tucholsky: Zwischen Gestern und Morgen. Eine Auswahl aus seinen Schriften und Gedichten. Hrsg. von Mary Gerold-Tucholsky. Rowohlt, Hamburg 1958.

Briefe

Kurt Tucholsky: Ausgewählte Briefe 1913–1935. Hrsg. von Mary Gerold-Tucholsky und Fritz J. Raddatz. Rowohlt, Reinbek 1962.

Kurt Tucholsky: Briefe. Auswahl 1913 bis 1935. Hrsg. von Roland Links. Mit einem Nachwort und Register des Herausgebers. Volk und Welt, Berlin 1983.

Kurt Tucholsky: Briefe an eine Katholikin. 1929–1931. Rowohlt, Reinbek 1969.

Kurt Tucholsky: Briefe aus dem Schweigen. 1932–1935. Briefe an Nuuna. Hrsg. von Mary Gerold-Tucholsky und Gustav Huonker. Rowohlt, Reinbek 1977.

Kurt Tucholsky: Unser ungelebtes Leben. Briefe an Mary. Hrsg. von Fritz J. Raddatz. Rowohlt, Reinbek 1982.

Kurt Tucholsky: Politische Briefe. Hrsg. von Fritz J. Raddatz. Rowohlt, Reinbek 1969.

Kurt Tucholsky: Ich kann nicht schreiben, ohne zu lügen. Briefe 1913 bis 1935. Hrsg. von Fritz J. Raddatz. Rowohlt, Reinbek 1989.

Pforte, Dietger (Hrsg.): Farbige weithin sichtbare Signalzeichen. Der Briefwechsel zwischen Carl von Ossietzky und Kurt Tucholsky aus dem Jahr 1932. Akademie der Künste, Berlin (West) 1985.

Tagebücher und Notizen

Kurt Tucholsky: Die Q-Tagebücher. 1934-1935. Hrsg. von Mary Gerold-Tucholsky und Gustav Huonker. Rowohlt, Reinbek 1978.

Kurt Tucholsky: Sudelbuch. Rowohlt, Reinbek 1993

Biografien

Bellin, Klaus: Es war wie Glas zwischen uns. Die Geschichte von Mary und Kurt Tucholsky. Verlag für Berlin Brandenburg, Berlin 2010.

Bemmann, Helga: Kurt Tucholsky. Ein Lebensbild. Verlag der Nationen, Berlin 1990.

Hepp, Michael: Kurt Tucholsky: Biographische Annäherungen. Rowohlt, Reinbek 1993.

Hepp, Michael: Kurt Tucholsky (rororo Monographie), Rowohlt, Reinbek ^{4}2008.

King, William John: Kurt Tucholsky als politischer Publizist: eine politische Biographie. P. Lang, Frankfurt am Main 1983.

Raddatz, Fritz J.: Tucholsky. Eine Bildbiographie. Kindler, München 1961.

Raddatz, Fritz J.: Tucholsky – Ein Pseudonym. Rowohlt, Reinbek 1993.

Prescher, Hans: Kurt Tucholsky. Berlin 1959, 2. ergänzte Auflage 1982.

Schulz, Klaus-Peter: Wer war Tucholsky? Neske, Stuttgart 1996.

Schulz, Klaus-Peter: Kurt Tucholsky in Selbstzeugnissen und Bilddokumenten (rororo Monographie). Rowohlt, Hamburg 1959.

Soldenhoff, Richard von (Hrsg.): Kurt Tucholsky. Ein Lebensbild. Quadriga, Berlin 1985.

Wessling, Berndt W.: Tucholsky. Ein deutsches Ärgernis. Biographischer Essay. Bleicher, Gerlingen 1985.

Zwerenz, Gerhard: Kurt Tucholsky. Biographie eines guten Deutschen. Bertelsmann, München 1979.